武汉大学数智教育丛书

武汉大学数智教育实践 创新平台建设标准与共享指南

孟小亮　主编

WUHAN UNIVERSITY PRESS
武汉大学出版社

图书在版编目(CIP)数据

武汉大学数智教育实践创新平台建设标准与共享指南／孟小亮主编. -- 武汉：武汉大学出版社，2024.9(2025.1重印). -- 武汉大学数智教育丛书. -- ISBN 978-7-307-24607-2

Ⅰ. G649.286.31

中国国家版本馆CIP数据核字第2024UL1044号

责任编辑:李彤彤　　　责任校对:汪欣怡　　　版式设计:韩闻锦

出版发行：**武汉大学出版社**　　（430072　武昌　珞珈山）
（电子邮箱：cbs22@whu.edu.cn　网址：www.wdp.com.cn）
印刷:湖北金港彩印有限公司
开本：720×1000　　1/16　　印张:9　　字数:119千字　　插页:2
版次:2024年9月第1版　　2025年1月第3次印刷
ISBN 978-7-307-24607-2　　定价:49.00元

编 委 会

前　言

　　实践性原则是教育的基本原则之一，它要求教育教学应该通过实践活动增加学生的经验积累，让学生获得解决实际问题的能力和技能。《尚书》有"非知之艰，行之惟艰"之说，《左传》有"非知之实难，将在行之"之说，西汉的刘向在其《说苑》中说："夫耳闻之，不如目见之；目见之，不如足践之。"至明代，思想家王阳明明确地提出了"知行合一"的学说。我国古代思想家的探索，现代教育科学的原则，都告诉我们要高度重视实践教学环节。然而，思想上的重视不代表实践教学的真正落地，想到和做到中间还有很多事要做，包括编写实践教学计划、建设实践教学基地、制定实践教学的标准、考核实践教学的效果等。

　　在传统教育中，实践教学往往都是依托于实体来进行的。随着数智化教育的发展，实践教学完全可以借助信息技术和人工智能技术，实现高智能、高效率、高维度的开展。武汉大学与时偕行，高度重视数智教育，2024 年推出了《武汉大学数智教育白皮书（数智人才培养篇）》，强调"将数字人才培养覆盖到所有学科专业及各个学历层次"，并"将整合校内外资源，构建学校层面的实践创新教学平台"。

　　"万物得其本者生，百事得其道者成。"数智教育实践创新平台的建设是一个多维度、系统化的工程，涵盖信息化技术的应用、教学质量的管理、创新成果的评价与共享等多个方面。在平台建设过程中，标准就是根本，本立而道生。因此，首先需要制定一套完善的信息化技术标准，确保平台的高效运行和数据的安全流通。这些标准包括但不限于数智教育实践创新信息化的建设规范，以支撑平台的稳定运作。

其次，实践教学质量管理标准是保证教育质量的关键。需要建立一套科学的评估体系，对教学活动进行实时监控和反馈，确保教学内容的更新与学生学习效果的持续提升。此外，创新成果的评价与共享标准也是推动教育创新的重要环节，它鼓励教师和学生在教学过程中不断探索和实践，并通过平台进行成果的展示和交流。

在基础设施层面，数智教育实践资源共享机制的建立，是实现教育资源优化配置的前题。通过这一机制，我们可以打破信息孤岛，实现教育资源的最大化利用。具体而言，平台将打通共享渠道，整合来自不同领域的"四真计算"实践教学资源，即真实的数据、真实的模型、真实的算力和真实的场景。这些资源的整合不仅能够为学生提供更加丰富和贴近实际的学习材料，还有助于促进教师在教学方法和内容上的创新。

最后，数智教育实践创新教学案例的推广，是推动教育创新成果广泛应用的有效手段。以武汉大学的实践创新教学案例为例，通过案例分享，展示数智教育在实际教学中的应用效果，能够激发更多高校和教育机构的兴趣，推动这些成果在国内外的广泛应用。这不仅能够提升教育的质量和效果，也能够为教育创新提供更坚实的实践基础和更丰富的经验积累。通过这样的循环往复，数智教育实践创新平台将不断推动教育模式的革新，培养更多具备创新能力和实践技能的人才。

目　录
Contents

规范性文件与术语集

１ 范围

本指南规定了数智教育实践创新平台建设标准与共享机制，并对平台的关键组成部分及其相关描述进行了定义。

本指南适用于武汉大学联合各高等院校、科研机构和企事业单位成立的数智教育创新实践联盟及所创建的数智教育实践创新平台。

II 规范性引用文件

本指南对于下列文件的引用是必不可少的。凡是标注日期的引用文件，仅所标注日期的版本适用于本指南。凡是不标注日期的引用文件，其最新版本适用于本指南。

《国务院办公厅关于完善科技成果评价机制的指导意见》（国办发〔2021〕26 号）

《深化新时代教育评价改革总体方案》（2020 年 10 月中共中央、国务院印发文件）

《中华人民共和国教育行业标准》

GB/T 35589-2017《信息技术 大数据 技术参考模型》

GB/T 22239-2019《信息安全技术 网络安全等级保护基本要求》

ISO/IEC 27001：2013《信息技术 安全技术 信息安全管理体系要求》

GB/T 35273-2017《信息安全技术 个人信息安全规范》

Ⅲ　术语和定义

下列术语和定义适用于本指南。

数智笔记(AI Note)：支持师生基于课程/研究主题，在同一个笔记文档中编写可执行代码、LaTeX、富文本、图片、HTML 等内容，使用预装好的 DeePMD-kit 等软件和 PyTorch、TensorFlow 等框架，以及一键连接海量的 CPU 和 GPU 资源快速运行代码，其案例文档使用便捷、支持分享协作。

镜像(Image)：镜像是一种包含系统或应用程序在特定时间点的完整状态的文件或软件包，广泛应用于操作系统、虚拟机和容器等领域，用于备份、恢复、快速部署和分发，确保系统一致性和高效管理。它包括所有必要的组件，如代码、配置文件、运行时环境和数据，使其能够在不同环境中独立运行。

节点(Node)：节点是网络或系统中的独立实体或单元，可以是计算设备、存储设备、服务器或路由器等，负责执行特定任务并通过网络互连协同工作，广泛应用于高性能计算、分布式存储、计算机网络、区块链和云计算等领域。节点具有独立性、互联性、可扩展性和容错性等特点，能够提高系统的计算能力、存储容量和可靠性。

开放地球引擎(Open Geospatial Engine)：一个全栈自主的时空信息基础设施。

应用程序编程接口(Application Programming Interface，API)：应用程序编程接口是一组预定义的函数、协议和工具，用于构建软件应用。它允许不同的程序或服务之间进行交互，通过定义一套规则来实现数据的请求、传输、接收和操作。API 接口通常隐藏了实现细节，为开发者提供了一个抽象层，使得他们可以无须了解底层代码的复杂性，就能访问和使用特定的功能或数据。

均方误差（Mean Squared Error，MSE）：均方误差是一种衡量预测模型或估计方法准确性的统计指标，通过计算预测值与实际观测值之差的平方的平均值来量化预测误差。MSE能够反映预测误差的大小，并且由于平方操作，它对较大的偏差给予更多的权重，从而强调了较大误差的影响。MSE的值越小，表示预测值与实际值之间的差异越小，模型的预测性能越好。MSE是一个非负值，常用于回归问题中评估模型的拟合优度。

虚拟专用网络（Virtual Private Network，VPN）：VPN主要功能是在公用网络上建立专用网络，进行加密通讯。在企业网络中有广泛应用。VPN网关通过对数据包的加密和数据包目标地址的转换实现远程访问。VPN可通过服务器、硬件、软件等多种方式实现。

分布式架构（Distributed Architecture）：分布式架构是一种软件系统的设计模式，它将应用程序或服务的不同组件分布在网络中的多个物理或虚拟节点上。这种架构允许系统更灵活地扩展，提高容错性，并且可以通过并行处理来增强性能。在分布式架构中，各个节点既可以独立工作，也可以协同完成任务，它们之间通过网络通信来交换数据和协调操作。

基于角色的访问控制机制（Role-Based Access Control，RBAC）：基于角色的访问控制机制是一种安全策略，用于限制用户对系统资源的访问权限。在RBAC机制中，权限不是直接分配给个别用户，而是分配给用户所属的角色。用户通过成为某个角色的成员来获得相应的权限。这种机制允许管理员通过管理角色和权限的映射关系来控制对敏感数据和操作的访问，从而简化权限管理过程，并提高系统的安全性和灵活性。

单点登录（Single Sign-On，SSO）：单点登录是一种用户身份验证机制，允许用户在多个相关但相互独立的系统或应用程序中使用单一的登录凭证(如用户名和密码)进行访问。一旦用户通过身份验证，系统会生成一个令牌或会话，用户在访问其他系统或应用程序时无需再次登录。SSO 的目的是通过减少重复登录的需求来提高用户体验，并简化访问管理，同时确保安全性。它通常通过中央身份验证服务来实现，该服务与各个应用程序通信，以验证用户的身份并提供访问权限。

1. 信息化技术标准

1.1 平台框架

1.1.1 建设原则

1.1.1.1 高效性

平台应实现资源的最优配置和调度，采用高效的算法和数据处理技术，减少等待时间，提升响应速度。

应支持高并发访问，确保在用户量剧增时，平台性能不受影响，维持流畅的用户体验。

应采用先进的缓存技术，减少数据加载时间，提高页面和资源的加载速度。

1.1.1.2 灵活性

平台应采用模块化设计，允许快速调整和扩展功能，以适应不断变化的教学需求。

应支持自定义教学流程和活动，以适应不同学科的教学特点和教学方法。

应提供可配置的用户界面，允许用户根据个人偏好调整界面布局和功能设置。

1.1.1.3 安全性

平台应实施多层次的安全防护措施，包括但不限于网络安全、数据加密、访问控制和审计日志等，以确保系统的安全性。

应遵循 GB/T 22239-2019《信息安全技术 网络安全等级保护基本要求》和 ISO/IEC 27001：2013《信息技术 安全技术 信息安全管理体系要求》等标准，确保信息安全管理的系统性和规范性。

应定期进行安全评估和漏洞扫描，及时修复安全漏洞，防范潜在的安全风险。

1.1.1.4 开放性

平台应提供开放的 API 接口，支持与外部系统和服务的集成，实现数据和服务的互联互通。

应支持国际和国内通用的数据交换格式和协议，如 JSON、XML 等，方便不同平台间的数据交换。

应鼓励和支持第三方开发者参与平台的扩展开发，形成开放的生态系统。

1.1.1.5 可扩展性

平台的架构设计应采用微服务架构或服务导向架构，以支持功能的快速迭代和扩展。

应预留足够的资源和接口，以适应未来技术的发展和新增用户的需求。

应考虑云计算和虚拟化技术的应用，以实现资源的弹性伸缩和负载均衡。

1.1.2 规范要求

1.1.2.1 技术规范

平台建设不仅要遵循《中华人民共和国教育行业标准》，还应参照其他相关国家和行业标准，如 GB/T 35589-2017《信息技术　大数据　技术参考模型》等，确保技术实现的先进性和适用性。

应建立技术规范的定期审查和更新机制，以适应教育技术快速发展的需要。

1.1.2.2　架构设计

平台的模块化设计应确保每个模块都有明确的功能定义和接口规范，便于独立开发、测试和维护。

应采用面向服务的架构（Service-Oriented Architecture，SOA）或微服务架构，以提高系统的灵活性和可扩展性。

应考虑使用容器化技术如 Docker，以及容器编排服务如 Kubernetes，以实现服务的快速部署、扩展和管理。

1.1.2.3　接口标准

平台应提供 RESTful API、GraphQL 或其他标准化接口，支持 JSON、XML 等数据交换格式，以满足不同客户端的需求。

应建立统一的接口管理策略，包括 API 文档、版本管理、授权和限流等，确保接口的稳定性和安全性。

应支持开放身份验证和授权标准，如 OAuth 2.0、OpenID Connect 等，以实现与其他系统的安全互联。

1.1.2.4　安全标准

平台应实施多层安全防护措施，包括网络安全、应用安全、数据安全和物理安全等。

应定期进行安全培训，提升安全意识，确保平台运营团队对最新安全威胁和防护措施有充分了解。

应建立应急响应机制，制定详细的安全事件处理流程，包括事件检测、报告、响应和恢复等。

1.1.2.5 数据保护

平台应遵循数据保护的相关法规和标准，如 GB/T 35273-2017《信息安全技术 个人信息安全规范》等，确保用户数据的安全。

应实施数据分类和数据生命周期管理，对不同级别的数据实施相应的保护措施。

1.1.2.6 合规性与审计

平台应定期进行合规性审查，确保所有功能和数据处理活动符合国家法律法规和行业标准。

应建立审计日志系统，记录关键操作和系统事件，以支持安全审计和合规性检查。

1.1.3 功能要求

1.1.3.1 教学管理

平台应实现课程的全生命周期管理，包括课程规划、发布、进度跟踪和评估。

班级管理应支持班级创建、成员管理、课程分配及班级活动组织。

教师管理应包括教师信息维护、课程分配、教学活动记录。

学生管理应涵盖学生信息、选课记录、学习进度和成绩管理。

1.1.3.2　动手实践

平台应支持用户进行动手实践，用户可基于数智笔记（AI Note）进行学习和运行。

用户可开启开发机，实际进行软件的开发和调试。

平台应提供算力资源，支持用户运行代码、提交任务，支持算力资源的调度。

提供基础、主流公共镜像，为用户提供统一的开发环境和计算环境配置与管理平台。

1.1.3.3　资源管理

平台应实现教育资源的统一管理和分类存储，支持元数据标注，便于检索和使用。

应提供资源使用情况的统计数据，帮助管理者了解资源的利用效率和用户偏好。

1.1.3.4　用户管理

平台应提供用户行为分析，识别用户需求和使用习惯，优化平台服务。

应实现细粒度的权限控制，根据不同角色和场景提供定制化访问权限。

1.1.3.5　互动功能

平台应支持不同的师生互动方式，如 AI Note 评论、讨论区和站内信等。

应提供在线协作工具，如共享 AI Note、项目协作空间等。

1.1.3.6　移动学习

平台应提供移动端应用或响应式网页设计，确保用户在不同设备上都能获得一致的学习体验。

1.1.3.7　智能辅助教学

平台应集成智能教学助手，提供自动答疑、作业批改和学习辅导等功能。

1.1.3.8　教学反馈与评估

平台应提供反馈机制，允许学生对教学内容和活动进行反馈。

1.1.4　教学能力

1.1.4.1　多样化课件

支持添加多种格式，如 PDF、视频（MP4）、PPT 等课件，学生可在线学习。

支持添加 AI Note 类型课件，并预置数据集和镜像，学生可在平台内运行代码。

1.1.4.2　多终端同步

平台应设计为响应式，自适应不同屏幕尺寸和分辨率，提供优化的移动学习体验。

应确保多终端间数据的同步，如作业提交、课程进度等，实现无缝切换。

1.1.4.3 互动工具

应提供多样化的互动工具，如课件评论、讨论区、站内信等，以提高学生的参与度。

应集成游戏化学习元素，如排行榜，以提高学生的学习积极性，激发学生学习动力。

1.1.4.4 课程资源的可访问性

应确保所有在线课程资源符合无障碍标准，为有特殊需求的学生提供辅助功能。

应提供资源的多种格式，包括文本、音频描述、字幕等，以适应不同学习者的需求。

1.1.4.5 在线作业与评估

平台应支持在线作业的布置、提交、批改和反馈，支持评分和个性化评语。

1.1.4.6 在线教学的个性化

平台应支持教师根据学生的学习情况调整教学策略，如提供个性化的学习材料或调整教学进度。

应允许学生根据自己的学习节奏和风格选择适合的学习路径。

1.2 基本功能要求

数智教育实践创新平台基本功能应包括数智笔记(AI Note)、比赛、数据集和科研工作空间站四个板块，如图1所示。

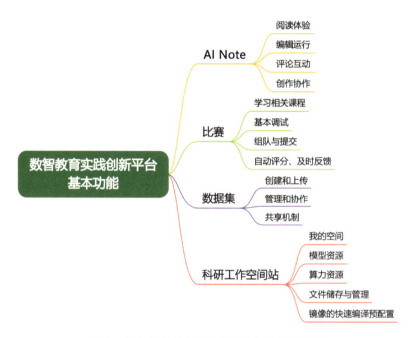

图1 数智教育实践创新平台基本功能示意图

1.2.1 登录及鉴权

1.2.1.1 安全认证

平台应具备多因素认证机制，支持用户名密码认证、手机短信验证、动态令牌认证等多种认证方式，确保用户身份的真实性和安全性。

1.2.1.2　权限管理

平台应根据用户角色(如教师、学生、管理员等)设置不同的访问权限和操作权限，确保各类用户在其权限范围内使用平台功能。

1.2.1.3　单点登录

平台应支持单点登录(Single Sign-On，SSO)功能，实现用户在多个系统之间的无缝切换，提升用户体验。

1.2.1.4　日志管理

平台应记录用户登录和操作日志，便于审计和问题排查，确保平台的安全性和可追溯性。

1.2.2　网站导航

1.2.2.1　简洁明了

平台应提供清晰简洁的导航结构，便于用户快速定位所需功能和资源。导航应涵盖课程、AI Note、比赛、文件、数据集、我的空间等主要模块。

1.2.2.2　搜索功能

平台应在显著位置提供搜索入口，支持用户通过关键词快速检索相关内容。

1.2.2.3　面包屑导航

平台应提供面包屑导航，显示用户当前所在位置，便于用户理解页面层级结构和快速返回上一级页面。

1.2.3　数智笔记(AI Note)

提供各领域的数智笔记(AI Note)实战案例，打造案例广场，方便学生和老师学习、共享和交流。

1.2.3.1　AI Note 阅读体验

平台汇聚多个学科领域的案例资源，满足不同学科的实战需求。用户可以在广场上阅读公开发布的 AI Note，深入了解每个 AI Note 的详细信息，包括名称、作者、发布时间等关键信息。

针对每篇 AI Note，用户可查看主体代码逻辑、内容，深入查看数据集，全面理解 AI Note 内容。

1.2.3.2　AI Note 运行/编辑体验

AI Note 可一键运行，自动连接算力资源、提供合适的运行环境并挂载相应的数据集，实现理论与实践的即时结合。

阅读页面允许用户进行临时编辑，并从这些编辑中创建副本，以便于个性化的学习和探索。

1.2.3.3　AI Note 互动

阅读页面支持点赞、转存、创建副本等互动操作，鼓励用户参与和分享知识。

支持评论，促进用户之间的知识碰撞。

1.2.3.4 AI Note 创作、协作及管理

用户可以轻松创建一篇 AI Note 或参与协作他人的 AI Note，进行实战案例的撰写与分享。

为单篇 AI Note 提供功能丰富的编辑环境，支持导入本地文件、编辑标题和正文，并设置标签、作者等元数据。正文中的文本单元格支持 Markdown 语法，代码单元格支持 Python 代码和 Shell 命令的执行，满足不同编程和写作需求。

在编辑过程中，AI Note 会自动保存用户资料，确保用户的工作不会丢失。

用户可以通过权限设置与他人分享 AI Note，并设置不同的协作权限，促进知识的共享和团队协作。

用户可查看并管理自己创建或参与的 AI Note，打造个人实战空间。

1.2.4 比赛

平台提供各领域的比赛赛事，学生可自由报名。

比赛接受 TXT、CSV、Python 脚本、AI Note 等多种提交形式，以适应不同编程任务的需求。

用户可个人参赛，也可组队参赛。

用户可查看比赛题目、指定数据集等信息，并可免费享受平台提供的打包下载服务，便于获取比赛所需资源。

平台提供比赛实时打分排行榜，以及最终排行功能，确保比赛的公正性和透明度。

1.2.5　数据集

在数据驱动的学习环境中，高效的数据集管理是实现快速学习和研究的关键。

1.2.5.1　数据集的创建与上传

用户可以便捷地创建数据集，无论是通过上传本地文件还是选择存储盘中的文件，都能轻松完成数据集的制作。

支持大文件的上传和管理，确保用户在任务提交或团队协作中能够快速使用所需的数据。

1.2.5.2　版本管理与协作

数据集管理支持多人协作，项目成员可以同时对数据集进行管理，实现文件的增加或删除，以适应不断变化的项目需求。

数据集具有版本控制功能，用户可以根据使用需求创建和管理多个版本，确保数据的一致性和可追溯性。

1.2.5.3　数据集的共享机制

平台支持将数据集分享至项目或个人，促进知识的共享和团队协作。

通过数据集共享功能，用户可以确保团队成员访问到最新和相关度最高的数据，从而提高整个团队的工作效率和协作质量。

1.2.6　科研工作空间站

科研工作空间站是用户动手实战的试验田，提供算力、模型、节点、文件存储、镜像中心、项目协同等功能。打造一站式科研空间站，提升学习与研究的效率。

1.2.6.1　我的空间

用户可以在我的空间查看个人数据，迅速找到归属于自己的资产，如我的课程、我的 AI Note、我的节点等。

1.2.6.2　模型资源

平台应支持各类教学和科研模型的管理与应用，提供模型的创建、编辑、运行和分享功能。模型资源应具备良好的适用性和扩展性，满足不同学科和研究领域的需求。

1.2.6.3　算力资源（算力池）

提供高效的算力资源管理，支持用户多种计算任务的调度和执行。算力资源应具备高性能和可扩展性，确保计算任务的高效完成。

1.2.6.4　文件存储与管理

用户可以在个人存储空间以目录树的形式，上传、下载文件，可以在线查看、编辑各种格式的文件。用户可以在项目的共享空间内和项目协作成员共享文件，促进知识的传播和团队协作。

1.2.6.5　镜像的快速编译预配置

支持镜像的快速编译配置，预装了 GNU、Intel Oneapi、CUDA 等主流公共镜像，为用户提供了统一的开发环境、计算环境配置与管理平台。

1.3 教学功能要求

1.3.1 数智课程学生端

1.3.1.1 课程资源

拥有丰富的课程学习资源，涵盖广泛的学术领域。学生可以进行专业课程、基础课程以及交叉学科课程的学习。平台不仅收录本校内部课程，也收录互联网上有价值的课程，满足不同学习需求，助力学生全面提升学术水平和职业竞争力。

1.3.1.2 课程基本信息

提供一站式的课程信息获取体验。学生可以轻松访问包括课程介绍、教师信息、作业要求等在内的多种信息，确保每位学生都能快速把握课程脉络。

1.3.1.3 课程内容

课程内容支持视频、PDF 文档以及 AI Note 实训案例等多种形式，以满足不同学生的需求。AI Note 式课件不仅支持文档形式的展示，更允许用户直接在平台内运行代码，提升了学生的实践操作能力，学生也能在课后通过实战练习巩固所学，实现了教学与实践的无缝对接。

1.3.1.4 课程作业

课程作业部分允许学生在线查看、完成及提交作业。对于编程或数据分析类作业，学生可以直接在平台上使用 AI Note 功能完成并提交作业。交互式编程环境不仅提高了学生完成作业的效率，也增强了学生的实践操作能力。对于需要手写解答或绘图的作业，支持以 PDF 或图片的形式上传至平台，确保作业提交的灵活性，满足不同类型作业的需求。

学生可以在课程内自由发帖、回复，营造开放而有序的学术讨论环境。

1.3.2 数智课程教师端

1.3.2.1 课程维护

教师可对课程基础信息(如课程介绍、讲师信息、作业要求等)进行自由维护，以便让学生清楚了解课程的最新信息。

1.3.2.2 课件管理

教师可以自主上传包括视频、AI Note 和其他格式文件在内的教学资源。平台支持从云存储和本地设备中选择文件进行上传，确保教师能够灵活地整合各类教学材料。教师可以轻松地构建课程结构，实现教学内容的系统化管理。教师可以根据最新的教学需求和学术发展，及时更新课件。所有更新操作将实时同步至学生端，确保学生接触到最新、最准确的教学内容。

1.3.2.3 作业管理

教师可以在线发布作业任务(单人作业、小组作业、大作业)，明确作业要求和截止日期等。

教师可以实时查看学生的作业提交情况，并且进行作业的打分、评语，学生也可以即时收到教师的反馈。

1.3.2.4 编程大作业与竞赛结合

支持以课程考评为目标的编程比赛，接受 TXT、CSV、Python 脚本、AI Note 等多种提交形式，以适应不同编程任务的需求。

教师可以轻松展示比赛题目、指定数据集等信息，并提供打包下载服务，方便学生获取所需资源。

提供比赛实时打分排行榜，以及最终排行功能，确保比赛的公正性和透明度。

1.3.2.5 学生管理

教师可查看参与课程的学生，了解学生的基本信息。

1.3.2.6 学习数据分析

收集学生的作业完成情况，并进行数据统计。

1.3.3 AI 助教

1.3.3.1 AI 助教与知识库的协同

配备课程对应的 AI 助教，自动将课程内容录入知识库，形成丰富的课程知识储备。

通过对话形式回答学生的问题，提供即时反馈，解决学生对课程的基础疑问，减轻教师的答疑压力。

1.3.3.2 整合式问答支持

进行整合式问答，AI 助教不仅提供问题的答案，更提供解答思路和方法，帮助学生构建解决问题的框架。

1.3.3.3 AI Note 中 AI 助教嵌入

在 AI Note 实战中，AI 助教能够解答与代码和科学相关的问题，提供实时的编程指导和科学知识解答。

当代码运行出错时，AI 助教提供智能化错误识别服务，帮助快速定位问题所在，并提供示例代码或解决方案，提升学生的编程技能。

1.4 技术要求

1.4.1 软硬件

1.4.1.1 服务器

平台应部署在高性能服务器上，以确保系统的稳定性和响应速度。

服务器配置应包括多核 CPU、大容量内存和高速存储设备，以满足高并发访问和大数据处理需求。

服务器应具备良好的扩展性，支持根据实际使用情况动态调整资源。

服务器应支持虚拟化和容器化技术，以提高资源利用率和系统灵活性。

1.4.1.2 操作系统

平台应支持多种操作系统，包括但不限于 Windows、Linux 等，以适应不同用户和环境的需求。

应确保操作系统的安全性，及时更新系统补丁，防范潜在的安全风险。

1.4.1.3 数据库

平台应支持数据库主从架构，以提高数据的读写性能和系统的高可用性。

数据库系统应支持高并发访问和大数据量的存储，同时保证数据的安全性和备份机制的稳定性。

应实现数据库的自动故障切换和数据复制功能，确保在主数据库出现问题时，从数据库能无缝接管。

1.4.1.4 软件环境

平台应使用稳定可靠的软件开发框架和工具，如 Java、Python、Golang 等，确保开发和维护的高效性。

软件环境应包括必要的开发工具、版本控制系统（如 Git）、自动化测试和部署工具，以提高开发效率和软件质量。

1.4.1.5 硬件环境

硬件环境应包括高性能计算集群、大容量数据存储设备、高速网络连接等，以支持复杂的数据分析和处理任务。

硬件设备应支持虚拟化技术，便于创建和管理系统资源，提高资源利用率。

1.4.1.6 实践创新教学平台环境

按照"共建共享、互联互通、交叉融合、开放运行"的总体思路，构建实践创新教学平台，整合校内外资源，打造"共享、开放、交叉、创新、创业"的教学环境。

平台应包含"一套数据集、一套工具集、一个算力池、一套标准集、一站式门户、一个数智社区"，为学生提供丰富的实践机会和创新空间。

1.4.2　性能与安全

1.4.2.1 高性能

平台应具备高性能的数据处理能力，不仅支持大规模用户的同时在线访问和操作，而且能够进行复杂的数据分析，展示实时数据流。

系统响应时间应控制在合理范围内，通过优化算法和代码，减少延迟，确保流畅的用户体验。

应实施高效的资源管理和调度策略，确保在高负载情况下系统依然稳定运行。

数据处理系统应支持分布式架构，以提高处理能力和扩展性。

1.4.2.2 安全防护

平台应实施先进的安全防护措施，包括但不限于防火墙、防病毒软件、入侵检测系统（IDS）、入侵防御系统（IPS）等，构建多层防护体系。

应定期进行系统安全审计和漏洞扫描，及时修补安全漏洞，提高系统的安全性。

数据传输应采用 SSL/TLS 等加密技术，保障数据在传输过程中的安全性和完整性。

平台应具备抗分布式阻断服务（DDoS）攻击能力，确保在遭受攻击时服务不中断。

1.4.2.3 访问控制

平台应实现基于角色的访问控制（RBAC）机制，确保只有授权用户才能访问和操作相关资源和数据。

用户权限应根据角色和任务进行细化管理，实现最小权限原则，降低潜在的安全风险。

1.4.2.4 数据保护

平台应实施数据分类并进行数据生命周期管理，确保数据的安全性和合规性。

应定期对数据进行备份，并确保备份数据的安全性和可恢复性。

在数据处理和存储过程中，应遵循相关的数据保护法规和标准。

1.4.2.5　监控与日志

平台应具备实时监控系统，对系统性能、资源使用情况和安全事件进行监控。

应实施日志管理策略，记录和分析用户操作、系统事件和安全日志，以便在出现问题时进行追踪和分析。

应使用智能化运维平台，提高故障检测和响应的效率。

1.4.2.6　安全教育与培训

定期对用户进行安全意识教育和培训，提高用户对网络安全威胁的认识和防范能力。

对平台的维护和管理人员进行专业的安全培训，确保他们具备必要的安全知识和技能。

1.4.3　数据备份

1.4.3.1　定期备份

平台必须实施自动化的定期数据备份机制，以确保系统数据的安全性和可靠性。

备份频率应基于数据的重要性、变化频率以及业务连续性需求来设定，对于关键数据应实施更高频次的备份策略。

应采用多种备份技术，包括全量备份和增量备份，以优化存储使用和备份时间。

1.4.3.2　异地备份

平台应实施异地备份策略，将备份数据复制到地理位置分散的多个安全站点。

异地备份应考虑到数据传输的安全性和备份地点的安全性，防止自然灾害、人为破坏或其他突发事件导致的数据丢失。

应定期测试异地备份的有效性，确保备份数据的可访问性和完整性。

1.4.3.3　备份恢复

平台应具有灾难恢复计划，确保在数据丢失、损坏或系统故障时能够迅速恢复数据和系统运行。

应定期进行备份数据的恢复演练，验证备份数据的完整性和可用性，确保恢复过程的高效性和准确性。

恢复流程应简洁明了，确保技术人员能够快速执行恢复操作，减少系统停机时间。

1.4.3.4　备份数据的完整性和安全性

备份数据应进行加密处理，确保备份数据在存储和传输过程中的安全性。

应实施严格的备份数据管理政策，包括访问控制、数据分类和数据保留策略。

应记录备份过程的详细信息，包括备份时间、备份类型、数据量和操作人员等，以便于审计和监控。

1.4.3.5 备份系统的监控与维护

平台应具备备份系统的监控功能，实时监控备份状态和备份任务的执行情况。

应定期对备份系统进行维护和升级，确保备份技术与业务需求保持同步。

在监控过程中一旦发现异常，应立即通知系统管理员进行诊断和处理。

1.4.4 兼容性

1.4.4.1 多浏览器

平台应采用响应式网页设计和先进的前端技术，确保在 Chrome、Firefox、Safari、Edge 等主流浏览器上访问体验的一致性和操作的流畅性。

应进行跨浏览器兼容性测试，确保所有功能在不同浏览器上均能正常工作，减少浏览器差异带来的影响。

1.4.4.2 多设备

平台应设计为兼容多种终端设备，包括但不限于 PC、平板、手机等，实现响应式布局和自适应显示，确保用户在不同设备上都能获得优质的用户体验。

应考虑不同设备的交互特性，优化操作流程和用户界面，使用户在各种设备上都能便捷地使用平台功能。

1.4.4.3 第三方系统集成

平台应具备高度的兼容性和扩展性，支持与学习管理系统（LMS）、内容管理系统(CMS)、学生信息系统(SIS)等第三方系统的无缝集成。

应通过开放 API 接口或使用标准化集成协议，如 SAML、OAuth 等，实现与其他系统的数据交换和功能整合。

1.4.4.4　技术标准

平台开发应遵循业界认可的技术标准和协议，如 HTML5、CSS3、W3C Web 标准等，确保平台的兼容性和未来的技术适应性。

应关注并跟进最新的技术发展，评估新兴技术对平台兼容性的影响，并适时更新平台以保持技术先进性。

1.4.4.5　用户界面国际化

考虑到不同地区用户的需求，平台界面应支持多语言切换，提供国际化的用户界面，增强平台的可用性和包容性。

1.4.4.6　辅助功能

平台应提供辅助功能支持，如屏幕阅读器兼容性、键盘导航等，确保残障人士也能无障碍使用平台。

1.4.4.7　兼容性测试

应定期进行兼容性测试，包括功能测试、性能测试、安全测试和用户接受度测试，确保平台在不同环境下均能稳定运行，并满足用户需求。

1.4.5　架构要求

数智教育实践创新平台应采用模块式设计、分布式架构，如图 2 所示。

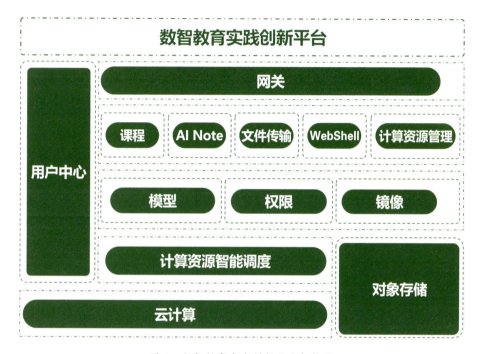

图 2 数智教育实践创新平台架构图

1.4.5.1 模块化设计

平台应采用模块化设计理念，将系统分解为独立、功能明确的模块，以实现独立部署和管理。

各模块之间应通过定义良好的 API 和消息传递机制进行交互，确保低耦合和高内聚。

模块化设计还应支持功能的快速迭代和升级，便于维护和扩展，同时不影响整个系统的稳定性。

1.4.5.2 分布式架构

平台应构建在分布式架构之上，以支持横向扩展，适应不同负载需求，提高系统的可用性和容错性。

分布式架构设计应包括负载均衡机制，合理分配请求到多个服务器，优化资源使用，保证高性能运行。

应实现有效的故障转移和恢复策略，确保单点故障不会影响整个系统的运行。

1.4.5.3　云计算服务

平台应充分利用云计算服务，支持基础设施即服务（IaaS）、平台即服务（PaaS）和软件即服务（SaaS）等云服务模型。

应设计为支持自动扩展，根据实时负载动态调整资源，实现成本效益和性能的最优化。

云计算服务还应包括数据存储解决方案，如对象存储、块存储和关系型或非关系型数据库服务，以满足不同场景的数据存储需求。

1.4.5.4　微服务架构

考虑采用微服务架构，将应用拆分为一系列微小服务板块，每个服务实现特定功能，运行在其独立的进程中，并通过轻量级通信机制协同工作。

微服务架构有助于提高系统的可维护性、可扩展性和灵活性，并允许团队独立部署、扩展和更新服务。

1.4.5.5　容器化与编排

平台应支持容器化技术，如 Docker，以实现应用的快速部署、隔离和移植。

应采用容器编排工具，如 Kubernetes，管理容器的生命周期，包括部署、扩展和自动恢复过程。

1.4.5.6 持续集成与持续部署(CI/CD)

架构设计应支持 CI/CD 实践,实现代码的自动化构建、测试和部署,提高开发效率和系统稳定性。

1.4.5.7 安全性设计

在架构设计中应考虑安全性,包括网络安全、数据安全和应用安全,确保系统的整体安全。

1.4.5.8 技术选型

技术选型应考虑成熟、稳定和广泛支持的技术栈,确保平台的长期可维护性和技术生态的丰富性。

1.4.6 易用性

1.4.6.1 用户界面友好

平台的用户界面(UI)设计应追求简洁性与直观性,去除多余元素,突出核心功能,确保用户能够迅速理解如何使用平台。

界面设计应基于用户研究,符合目标用户群体的操作习惯和审美需求,提供清晰的导航和直观的交互元素,以提高用户的操作效率和满意度。

应采用响应式设计,确保用户在不同设备上都能获得一致的界面体验。

1.4.6.2 操作简便

平台应设计直观的操作流程,减少复杂的步骤,使用户能够轻松完成任务。

应提供清晰的指示和反馈数据，让用户了解操作的结果和系统的状态。

操作界面应保持一致性，如按钮、图标和文本的样式，并构建统一的操作逻辑，降低用户的学习成本。

1.4.6.3　帮助和支持

平台应提供全面的帮助和支持服务，包括但不限于在线帮助文档、操作指南、常见问题解答（FAQ）、在线聊天支持和用户论坛等。

应开发智能化的帮助工具，如搜索功能、上下文敏感的帮助链接和交互式教程等，以提供个性化的帮助体验。

应定期收集用户反馈，根据用户的需求和建议不断优化帮助内容和支持服务。

1.4.6.4　可访问性

平台应遵循无障碍设计原则，确保残障用户也能方便地使用，如提供屏幕阅读器支持、高对比度模式和键盘导航等功能。

1.4.6.5　个性化体验

根据用户的使用习惯和偏好，平台应提供个性化的设置选项，如主题颜色、字体大小和布局偏好等。

应进行用户行为分析，提供个性化的内容推荐和学习路径建议。

1.4.6.6　用户反馈机制

平台应建立有效的用户反馈机制，鼓励用户提供关于易用性的意见和建议。

应定期审查和分析用户反馈，快速响应用户需求，持续提升平台的易用性。

1.4.6.7 培训与教育资源

对于新用户或新功能，平台应提供必要的培训资源，如视频教程、网络研讨会和培训课程等，帮助用户更快地了解平台的使用。

1.4.7 网络影响时间

1.4.7.1 低延迟

平台应设计为具有低延迟的数据传输架构，确保用户在进行实时互动、直播教学和即时通讯等操作时流畅无阻。

应通过优化网络路由、使用内容分发网络（CDN）、减少网络跃点等措施，降低数据传输的延迟。

1.4.7.2 带宽管理

平台应实现智能带宽管理策略，根据用户的网络带宽和使用模式动态调整数据流，以提供均衡的服务体验。

在网络拥塞时，应优先保证关键任务的数据传输，如视频会议和实时协作等。

1.4.7.3 网络稳定性

平台应设计高可用的网络架构，使用多路径路由、负载均衡和故障切换技术，确保服务的连续性和稳定性。

在检测到网络问题时，应能自动切换到备用连接，将服务中断带来的影响最小化。

1.4.7.4　缓存机制

平台应实施高效的缓存策略，包括但不限于浏览器缓存、代理服务器缓存和数据库查询缓存等，以减少重复数据的网络传输。

缓存数据应根据其更新频率和重要性设置合理的过期时间，确保用户访问的是最新数据。

1.4.7.5　数据压缩

为了减少传输数据量，平台应采用数据压缩技术，如 gzip，对传输的数据进行压缩处理。

应根据网络条件和用户设备性能，动态调整压缩比，平衡加载时间和数据大小。

1.4.7.6　网络监控与分析

平台应具备实时网络监控功能，对网络性能指标如延迟、带宽使用率、错误率等进行监控。

应利用网络分析工具，定期审查和优化网络性能，识别并解决潜在的瓶颈问题。

1.4.7.7　用户网络环境适应性

平台应能适应不同的用户网络环境，包括低速网络和高延迟网络，通过调整数据传输策略来优化用户体验。

1.4.7.8 离线模式支持

对于可能存在的网络不稳定的情况，平台应提供离线模式或离线功能，允许用户在无网络连接时也能访问部分内容和功能。

1.4.7.9 网络优化策略

平台应定期评估和更新网络优化策略，包括使用最新的网络协议、调整服务器配置和更新网络设备。

1.4.8 隐私保护

1.4.8.1 数据加密

平台必须使用行业标准的加密协议，如 TLS/SSL，对所有用户数据进行端到端加密，确保数据在传输过程中的安全。

对存储的用户数据，应采用强加密标准进行加密，并且定期审查和更新加密措施，以应对不断变化的安全威胁。

1.4.8.2 隐私政策

平台应制订并公布一个清晰、透明的隐私政策，详细说明用户数据的收集、使用、处理、存储和保护方式。

隐私政策应遵循国家法律和国际标准，如欧盟《通用数据保护条例》（GDPR），并定期更新以反映政策和法规的变化。

1.4.8.3 访问控制

平台应实现基于角色的访问控制（RBAC）或以属性为基础的访问控制

（ABAC），确保只有授权人员能访问敏感数据。

应实施最小权限原则，确保用户仅拥有完成其任务所必需的访问权限。

1.4.8.4　数据匿名化

在进行数据分析和共享时，平台应采用数据匿名化或伪匿名化技术，去除或替换个人身份信息，以保护用户隐私。

应评估和实施先进的匿名化技术，以防止数据被重新识别的风险。

1.4.8.5　日志审计

平台应实施全面的日志记录策略，记录所有关键操作和数据访问活动，以便于事后审计和监控。

应使用安全的日志管理系统，确保日志数据的完整性和不可篡改性，并定期进行审计。

1.4.8.6　用户控制

平台应提供用户友好的隐私控制面板，允许用户轻松访问和管理自己的个人信息。

用户应能够随时查看、更正、下载或删除其个人信息，并控制其数据的共享和使用。

1.4.8.7　数据泄露防护

平台应部署数据泄露防护（DLP）解决方案，监控、识别和保护敏感数据，防止数据泄露。

应对 DLP 策略进行定期测试和更新，确保其有效性。

1.4.8.8　隐私影响评估

在设计新功能或处理新的数据类型时，平台应进行隐私影响评估（PIA），评估对用户隐私的潜在影响，并采取相应的缓解措施。

1.4.8.9　用户教育

平台应提供隐私保护相关的教育资源和实践活动，指导用户如何保护自己的隐私和数据安全。

1.4.8.10　法律遵从性

平台应确保隐私保护措施符合所有适用的法律、法规和行业标准，包括跨国数据传输的法律要求。

2. 实践教学质量管理标准

2.1 实践教学的目的和形式

实践教学是高等教育中至关重要的一环，它不仅是课堂教育的补充，更是连接理论知识与现实世界应用之间的重要桥梁。这种教学形式通过多样化的实践活动，如实验、实训和综合实践项目等，培养学生的动手能力、创新思维以及解决复杂问题的实际技能。

2.1.1 实践教学的目的

2.1.1.1 培养学生解决实际问题的能力

实践教学通过模拟真实世界的问题场景，让学生亲自参与问题解决的全过程。例如，在工程课程中，学生可能需要设计、建造并测试一个机械设备来解决特定的工程问题。这种教学活动不仅增强学生的技术技能，还能提升他们的决策能力和团队协作能力。

2.1.1.2 提升学生的专业技能和综合素质

通过实践教学，学生有机会将理论知识应用于实际操作中，从而加深对专业知识的理解。此外，这种教学形式也鼓励学生发展其他重要的非技术技能，如批判性思维、公共演讲能力和专业写作能力。

2.1.1.3 加强理论与实践的结合

实践教学强调理论知识与实际操作的融合。通过在实验室、工作坊或真实工作环境中开展实践活动，学生能够更好地理解理论知识在实际应用中的作用和限制。

2.1.1.4　构建稳定可靠的基础设施

为了支持高质量的实践教学，学校需要投资建设如高速网络、数据中心和多媒体教室等先进的教学基础设施。这些设施不仅能提供必要的技术支持，还能通过模拟专业工作环境，为学生提供一个接近现实的学习平台。

2.1.1.5　加强数据安全管理，保护学生和教师的隐私

在数字化教学环境中，保护个人数据的安全性和完整性是极为重要的。学校必须实施严格的数据安全政策和技术措施，如数据加密和访问控制，以保护学生和教师的隐私不被侵犯，确保教学数据的安全性和完整性。

2.1.2　实践教学的形式

武汉大学的数智教育实践教学的形式主要包括实验教学、实训教学和创新创业实践教学，教学方案如表 1 所示。其中，实验教学是实践教学的核心组成部分，它通过科学实验的形式，既能加深学生对理论知识的理解，也有助于提升他们的科学思维和技能，因而实验教学的详细规划和实施对培养学生解决实际问题的能力至关重要；实训教学是专业教育中不可或缺的一部分，旨在通过实际操作提升学生的职业技能和操作方法掌握能力，这种教学形式侧重于实际应用，为学生将来的职业生涯奠定坚实的基础；创新创业实践教学是高等教育中一个至关重要的环节，它不仅能够巩固学生的理论知识，还能提升他们的实际操作能力和解决实际问题的能力。

表 1 武汉大学数智教育实践教学方案

教学形式	指导文件	文件描述
实验教学	教学大纲	实验教学大纲是实验课程设计的基础，它详细阐述了每个实验的学习目标、实验内容和评价指标。通过这些大纲，学生能够明确每个实验的目的和期望达到的技能水平
	教学指导书	实验教学指导书为学生提供了一份详细的操作手册，包括安全规范、实验步骤、注意事项以及处理实验数据和分析结果的方法。这些指导书通常包括图表、示例数据和问题分析，以辅助学生理解复杂的概念并提高实验技能。除此之外，实验教学指导书可以上传到平台的相关实验课程主页，方便学生课前预习、课上使用与课后复习
	教学计划	实验教学计划确保所有实验活动都得以妥善安排，包括实验时间、地点和指导教师的安排。该计划还需考虑到实验室资源的最优化利用，如设备的可用性和维护时间，确保每位学生都能在适当的时间内完成实验。实验教学计划及相关资料可通过平台提供给学生，使得学生能提前了解实验流程与要求
	教学考核	实验教学考核是评估学生实验技能和科学思维的关键环节。考核通常包括对学生实验操作的直接观察、实验报告的评审以及实验数据的分析。通过这些多元化的评估方法，教师能够准确地判断学生是否掌握了实验的关键技能和概念
	教学资料管理	实验教学资料管理至关重要，确保所有实验设备、材料和数据的安全和完整性。这包括对实验设备的定期维护、化学品和生物材料的安全存储以及实验数据的备份和保护。通过有效的资料管理，可以减少实验过程中的意外并确保数据的准确性
	教育资源数字化	随着教育技术的发展，将传统的实验资料进行数字化处理已成为提高资源共享和利用效率的一种重要手段。数字化实验资源包括在线实验模拟、虚拟实验室和数字化实验操作视频，这些资源可以上传至平台的课程主页，使学生即使不在实验室内也能进行实验学习，同时也支持远程教育和自主学习。学生可以随时访问这些资源进行课前预习和课后复习

续表

教学形式	指导文件	文件描述
实训教学	教学大纲	实训教学大纲是实训课程设计的核心，它详细规定了实训目标、实训内容和完成标准。这些大纲旨在确保学生能够了解期望成果，并明确所需达到的技能水平
	教学指导书	实训教学指导书提供了具体的操作步骤和注意事项，帮助学生在安全的环境下进行实训。这些指导书通常包括详细的流程图、操作视频链接和案例研究，以增强学生对操作的理解和记忆。此外，指导书还会讲解如何分析实训结果，从而使学生能够从实践中学习技能和吸取教训
	教学计划	实训教学计划确保实训活动有序进行，包括实训课程的时间安排、地点选择和教师分配。计划还应考虑实训基地的资源配置，确保每位学生都有足够的机会使用必要的设备和材料。此外，学生可以通过平台访问科学软件镜像，开启管理节点拉取镜像，无须配置软件使用环境。同时，学生还可以在镜像中进行科研软件运用与开发，并将构建的软件、插件或者工作流等作为应用 App 上线到平台的社区，供师生使用，这一流程可作为实训内容的一部分。计划会根据学生的反馈和前期实训结果进行调整，以不断优化教学效果
	教学考核	实训教学考核是通过实际操作测试学生的技能掌握程度。考核方法可能包括直接观察、技能操作测试、实训报告评估和实训成果质量检查。这些评估帮助教师了解学生在实训中的表现，并提供针对性的反馈和指导，以帮助学生精进技能
	教学资料管理	有效的实训教学资料管理是确保教学质量和学生安全的关键。这包括对实训设备的定期检查和维护、对消耗材料的补充以及对实训数据的安全存储。此外，管理还涉及对旧设备和材料的适时更新，确保实训活动能够利用最新的技术和信息
	数据加密技术和安全防护措施	随着信息技术的发展，保护实训中生成数据的安全性和完整性越来越重要。学生的实训数据与资料可以保存在平台的个人数据盘中，平台通过采用先进的数据加密技术和安全防护措施，能够保护学生的个人信息和实训成果，避免数据泄露或被未授权访问

续表

教学形式	指导文件	文件描述
创新创业实践教学	教学大纲	实践教学大纲作为教学活动的核心，设定了教学目标、内容和要求。它不仅明确了学生需要达成的具体技能和知识点，还概述了课程的结构，包括每个模块的学习目标、教学活动和预期结果。大纲还应包含评估标准，以指导学生如何准备和参与教学活动，确保他们能够在实践中应用所学知识
	教学指导书	实践教学指导书是指导学生如何进行实验和实训的详细手册。这些指导书不仅包括具体的操作步骤，还有关于安全操作的警告和提示，以及如何处理可能遇到的常见问题。此外，指导书应提供用于分析结果的模板和例子，帮助学生学会如何评估自己的工作，从而提高他们的分析能力和批判性思维能力。通过平台，学生能够随时访问数字化的指导书和操作视频，提升学习的便利性和效率
	教学计划	实践教学计划应明确课程的时间表、地点安排、参与的教师和学生名单。此外，计划还应包括对实践环节的详细分解，确保每个学生都能在适当的时间内获得必要的指导和资源
	教学考核	实践教学考核是评价学生实践能力的重要手段，涉及多种评估方法，包括直接观察、技能测试、实际操作、书面报告以及项目展示。考核内容应全面覆盖学生在实践活动中的表现、实践报告的撰写质量，以及对实践活动的反思和总结。为确保考核的公平性和全面性，平台可以支持在线考核和自动化评分系统，帮助教师有效管理和分析学生的表现。同时，将考核结果的反馈应用于调整教学方法和内容，以持续提升教学质量和学生的学习体验

续表

教学形式	指导文件	文件描述
创新创业实践教学	教学资料管理	实践教学资料管理是确保实践活动顺利进行和教学资源安全有效使用的关键环节。这包括对实验设备、材料的采购、维护和更新，以及对教学数据的收集、存储和保密。资料管理还应涉及将传统的实验资料数字化，使资源能够更广泛地共享和访问。数字化不仅提高了资源的可用性，还有助于维护数据的完整性和安全性，特别是在多地点或远程教学环境中。平台应提供安全的数据存储和共享功能，支持资源的长期保存和跨地域访问，从而保障实践教学的高效开展
	评估与认证体系	建立科学的评估与认证体系，对教学的各个环节进行定期的评估和反馈。这不仅包括对学生的评估，也包括对教学方法、教学资源和教学效果的评估。通过持续改进，确保教学质量的不断提升
	跨学科的综合实践项目	鼓励学生参与跨学科的综合实践项目，这有助于学生拓宽视野，理解不同领域的知识如何相互关联和融合，从而培养他们的跨学科思维能力。例如，使用机器学习与深度学习方法解决材料科学、生物医药、空天信息等领域的科学问题
	行业参与和产学合作	与行业企业建立合作关系，让学生有机会参与真实的工作场景，了解行业需求，提升职业技能，同时也为企业提供新鲜的观点和创新思路
	国际化视野的培养	在创新创业实践中融入国际化元素，鼓励学生参与国际交流和合作项目，培养他们的国际化视野和跨文化沟通能力
	创新与创业教育	结合专业实践，培养学生的创新意识和创业精神，鼓励他们将学到的知识和技能应用到新产品和服务的开发中，为社会创造价值

2.2 实践教学的组织和管理

实践教学的组织和管理对于确保教学质量至关重要，这包括创建有效的规章制度、实施高效的运维服务以及提供全面的教师和学生使用手册。

2.2.1 规章制度与运维服务

武汉大学制定了数智教育实践创新平台的规章制度和运维服务机制，规章制度涵盖了实验室管理制度、设备管理制度、实训基地管理制度和平台管理制度，运维服务包括设备维护和管理、数据安全管理体系以及平台运维服务，如表2所示。

表 2 武汉大学数智教育实践创新平台的规章制度与运维服务

建设类型	内容	具体要求
规章制度	实验室管理制度	确保实验室的安全使用和有效运作，包括实验室的开放时间、设备使用规则、安全操作程序以及事故应急响应计划
	设备管理制度	涉及对实验设备的采购、维护、校准和废弃。设备管理制度确保所有设备都保持在最佳状态，以便学生和教师可以安全、有效地使用
	实训基地管理制度	对校外实训基地进行监管，确保这些地点满足教学要求和安全标准。制度还应包括与外部实训基地合作的具体协议，确保双方责任和义务的明确

建设类型	内容	具体要求
规章 制度	平台管理 制度	①用户访问与权限管理：规定学生和教师在平台上的访问权限，确保只有授权用户能够访问相关教学资源和数据。定期审核用户权限以防止未授权访问 ②数据安全与隐私保护：制定严格的数据加密和安全防护措施，确保学生和教师的个人信息及教学数据的安全。所有数据传输和存储必须符合隐私保护标准 ③资源分配与使用制度：确保平台上的计算资源（如虚拟机、存储空间和软件镜像等）得到合理分配和高效使用，防止资源浪费和性能瓶颈 ④技术支持与维护制度：提供定期的系统维护和技术支持，确保平台的稳定运行。用户可以通过平台反馈机制提交技术问题和建议，技术团队需及时响应和解决 ⑤备份与恢复机制：制订数据备份和恢复计划，确保在系统故障或数据丢失的情况下能够快速恢复正常运营。定期进行数据备份以防止数据丢失 ⑥用户培训与支持：为用户提供平台使用的培训和指南，帮助他们熟悉平台功能和操作。建立用户支持渠道，方便用户获取帮助和技术支持
运维 服务	设备维护 和管理	定期检查和维修实验设备和工具，确保它们符合安全和功能标准
	数据安全 管理体系	实施数据备份、恢复计划和防病毒措施，使用先进的加密技术来保护存储和传输中的敏感数据免受侵害

续表

建设类型	内容	具体要求
运维 服务	平台运维 服务	①系统监控与性能优化：对平台的运行状态进行实时监控，识别潜在的性能问题并及时优化，确保平台稳定高效运行 ②软件更新与补丁管理：定期更新平台软件和应用程序，安装安全补丁以防止漏洞被利用，确保平台始终处于最新状态 ③用户支持与问题解决：提供用户支持服务，及时响应用户提出的技术问题和反馈，通过在线支持、电话或邮件帮助用户解决问题 ④资源分配与调度：动态调整云资源的分配，根据用户需求和平台负载优化资源调度，确保高效利用计算资源 ⑤自动化运维工具：部署自动化运维工具，简化常规运维任务，提高运维效率，减少人为错误 ⑥安全审计与合规性检查：定期进行安全审计和合规性检查，确保平台符合相关法律法规和行业标准

2.2.2 教师使用手册

2.2.2.1 课程课件维护

①教师可以在课程页面下方看到"管理课程"入口，点击进入课件管理页面。

②上传/删除/调整课件。各选项含义如下：

a. "新建课程目录"：添加课程一级目录。

b. "允许下载"：是否允许学生下载除视频之外的课程资料（视频默认不可下载）。

c. "添加课件"：支持上传视频、PDF、AI Note 三种形式的课件：

ⅰ. 视频：仅支持本地上传；

ⅱ. PDF：支持从本地上传、从武汉大学数智教育实践创新平台盘中上传两种方式；

ⅲ. AI Note：通过链接添加。

d. 右侧"更多选择菜单"：对章节进行重命名、删除、排序、创建二级目录。

e. 左侧"更多选择菜单"：可以通过拖动来调整课件顺序，但课件暂时不支持跨章节的拖动。

③上传的课件是实时保存的，课件上传完毕后，点击"进入课程"，即是学生视角能看到的界面。

2.2.2.2 班级学生管理

教师可以在"学生管理"选项下看到班级全部学生，并支持按照学生的学号或姓名进行搜索，检查学生是否加入课程。

2.2.2.3 AI Note 的使用

①创建 AI Note：

a. 点击主导航左侧 AI Note，进入 AI Note 列表，进入"我的 AI Note"，点击右侧"新建 AI Note"，即可创建一篇 AI Note 的草稿并开始编辑。

b. 如果想把别处写好的 AI Note 导入进来，请点击编辑页右上角"三"形按钮，选择"本地上传"或"选择文件"即可。

②编辑 AI Note：

在 AI Note 编辑页，可以进行以下操作：

a. 在内容编辑区域，可以撰写 AI Note 标题和正文。

b. AI Note 正文中的"文本"单元格支持常见的 Markdown 语法，如标题、加粗/斜体、有序/无序列表、代码段、超链接、表格、图片等，双击单元格即可使用可视化编辑能力。

c. AI Note 的代码单元格支持 Python 代码和 Shell 命令，点击单元格的运行按钮即可运行代码。当代码运行出错时，内置的 AI 助手会智能识别错误原因并提供正确的示例。

d. AI Note 在编辑时会自动保存，当指示灯为绿色时，表示自动保存已完成。

e. 可以在"我的空间""我的 AI Note"页面，看到所有创建的或他人分享的 AI Note。

③运行 AI Note：

需要开启一台新的节点或者连接已经开启的节点，来运行一篇 AI Note。点击页面上的"开始连接"按钮，将展示"启动 AI Note 节点"和"连接已有节点"两个选项。

选择"启动 AI Note 节点"，点击后会按照用户指定的配置启动一台新的 AI Note 专用节点。而如果用户已经有运行中的节点，并在其中准备好了 AI Note 运行所需的环境，希望用它直接运行 AI Note，用户可以选择"连接已有节点"，点击后可选择一台正在运行中的节点，将直接用该节点来运行该篇 AI Note。

AI Note 闲置超过 120 分钟（未运行任何代码且页面不在激活状态）后自动释放该节点。节点释放不会影响您已保存的 AI Note 文件，也不会影响您保存在 /personal 个人盘下的任何文件，但您在节点系统盘中所做的变更

（如新安装的软件）将会丢失。

如果不希望丢失这些变更，请保持 AI Note 处于活跃状态，或在节点列表中将环境保存为自定义镜像，下次连接时，使用该镜像开启节点即可。

当暂时不需要使用计算资源时，也可以主动断开连接。

④配置 AI Note 多内核：

a. 安装多内核：如果想在镜像中安装多个 AI Note 内核以供切换使用，可以按照以下步骤进行：

ⅰ. 在节点列表中选择想配置多内核的节点，使用 WebShell 进行连接；

ⅱ. 使用 conda 创建一个新的 Python 虚拟环境；

ⅲ. 激活新创建的虚拟环境；

ⅳ. 安装 IPython；

ⅴ. 安装需要的内核（例如 Python3 内核）；

ⅵ. 注册安装的内核；

ⅶ. 验证内核是否配置成功。

注意：在配置好多内核后，记得将环境保存为自定义镜像并使用新镜像进行连接，否则配置无法生效。

b. 修改默认内核：如果镜像环境中安装了多个 AI Note 内核，可以按照下述步骤利用 WebShell 修改默认启动内核：

ⅰ. 使用 generate-config 生成默认的配置文件；

ⅱ. 定位 AI Note 的配置目录；

ⅲ. 查看已经安装的 AI Note 多内核；

ⅳ. 切换到配置目录，并在 jupyter_lab_config. py 文件末尾新增以下配置：

NotebookApp. kernel_spec_manager. default_kernel_name = 'ir'（其中，ir 为已经安装的 R 内核名称，可以替换为任何一个已经安装的内核）。

注意：修改默认内核后，同样需要将环境保存为自定义镜像并使用新镜像进行连接，否则配置无法生效。

⑤分享 AI Note：

新创建的 AI Note 默认只有用户自己可见，当用户想邀请他人一起阅读或编写时，可以点击右上角"权限设置"按钮，将 AI Note 分享给指定的其他用户。

可以定向邀请具体的用户，也可以批量邀请一个项目下的全部成员。邀请协作者时，可以指定对方的权限范围。我们提供了可阅读、可编辑、可管理 3 档权限类型。

分享 AI Note 时，您可以进行以下设置：

a. 推荐镜像和机型：您可以指定镜像和机型，读者在案例广场运行您的 AI Note 时，系统会自动选择您指定的镜像和机型来开启节点。如果您推荐的镜像是自定义镜像，请确保其中不包含您的隐私数据，并确保镜像可用。

b. 分享数据集：如果您的 AI Note 引用了其他数据或文件，您可以将其制作成数据集，并在发布时一并分享，读者运行您的 AI Note 时可以访问这些文件。

2.2.2.4　我的空间

左侧菜单栏点击"我的空间"，查看教师开始的课程、撰写的 AI Note、制作的数据集、开启的节点等内容。

2.2.2.5　节点

左侧菜单栏点击"节点"，可创建一台开发机，创建后，点击节点卡片上的按钮，在弹窗中选择点击打开 WebShell，会自动以 root 身份登录到管理节点上，可进行软件开发和调试。

2.2.2.6　文件

左侧菜单栏点击"文件"，可查看个人存储空间或项目存储空间内存储的文件。点击"上传"按钮或拖动文件至目录树可上传文件；双击可在右侧对文本文件和结构文件进行在线预览和编辑；在文件上右击还可进行下载、移动、复制、重命名、删除等基本操作。

2.2.2.7　数据集

左侧菜单栏点击"数据集"，打开数据集列表，点击"新建数据集"，可进行数据集的创建。可创建多数据集版本。数据集创建成功后，可以在 AI Note 中直接挂载使用，也可以分享给其他人使用。

2.2.2.8　镜像中心

左侧菜单栏点击"镜像中心"，打开镜像列表，可查看平台提供的公共镜像以及用户自己通过节点制作的镜像。这些镜像在开启节点、运行 AI Note、提交任务的时候可直接在页面对应位置选择使用。

2.2.2.9　项目

左侧菜单栏点击"项目"，打开项目列表，点击"新建项目"，可进行项目的创建。点击"成员管理—添加成员"，可进行项目成员的添加，统一项目内的成员，可以共享文件、数据集、镜像、AI Note 等。

2.2.3　学生使用手册

2.2.3.1　查找课程

点击左侧菜单栏"课程"，打开课程列表页，在"我的学习"模块点击

"查看全部"，可查看自己学习的全部课程。也可从"我的空间—我的课程"进入。

2.2.3.2　课程学习

在课程详情页，点击"开始学习"，即可查看课程相关课件进行学习。

2.2.3.3　AI Note 的使用

见 2.2.2 教师使用手册部分。

2.2.3.4　我的空间

左侧菜单栏点击"我的空间"，查看学生学习的课程、撰写的 AI Note、制作的数据集、开启的节点等内容。

2.2.3.5　节点

见 2.2.2 教师使用手册部分。

2.2.3.6　文件

见 2.2.2 教师使用手册部分。

2.2.3.7　数据集

见 2.2.2 教师使用手册部分。

2.2.3.8　镜像中心

见 2.2.2 教师使用手册部分。

2.2.3.9　项目

见 2.2.2 教师使用手册部分。

2.3　实践教学质量标准

实践教学质量标准确保教学活动能达到预期效果，通过一系列的评估和反馈机制来持续改进教学过程和结果。武汉大学实践教学质量标准，如表 3 所示。

表 3　武汉大学实践教学质量标准

	内容	具体要求
实践教学质量标准	教学目标达成评估	对学生是否达到教学目标的评估，是通过定期的技能测试、项目评估以及实际操作的表现来进行。这些评估帮助确定学生是否掌握了课程要求的核心技能和知识。平台提供的在线测试和自动化评分系统能够快速评估学生的表现，并提供个性化的反馈
	实验和实训操作能力	评估学生的实际操作能力通常涉及直接观察学生在实验室或实训场所的操作过程，以及通过模拟任务来测试学生对操作技能的掌握程度。通过平台，学生可以使用虚拟实验室进行模拟操作练习，帮助他们在真实环境中进行实验前的预备训练
	实验和实训报告质量	通过学生提交的实验和实训报告来评估其撰写和分析能力。报告应详细展示实验数据、分析过程和结论，展示学生的批判性思维和问题解决能力。平台支持在线提交和批改报告，教师可以对报告进行详细的反馈和评分

续表

	内容	具体要求
实践教学质量标准	教学过程管理	评估教学过程的规范性和有序性，确保所有教学活动按照预定计划执行，任何偏差都应及时调整和纠正。平台为教师提供课程管理工具，帮助教师实时监控课程参与情况、学生进度和教学活动的执行情况
	教学效果反馈	通过收集学生和教师的反馈，了解教学方法和内容的有效性。反馈可以通过问卷调查、面谈或在线论坛收集，对教学方法进行持续的改进。为了更全面地评估和反馈教学质量，可以采用以下数据收集和分析方法： ①记录上课人数：跟踪学生的出勤率，为分析学生参与度和课堂吸引力提供数据支持 ②课程成绩和完成率：统计学生的课程成绩和完成实训的比例，评估教学内容的难易程度和学生的学习效果 ③完成等级：通过分级评估系统来衡量学生对实践活动的掌握程度，从初级到高级 ④教师如何给学生评分：制定标准化的评分系统，确保评分的公正性和一致性，同时对教师进行评分培训，确保评分标准的正确执行
	创新教学应用模式	通过引入在线课程、虚拟实验室和其他数字化教学工具，不断探索和实施新的教学模式，以增强教学互动性和学生的参与度。平台支持多种数字化工具的集成，使得教学过程更加灵活和富有创新性
	教师培训与支持	定期对教师进行教育技术和教学方法的培训，确保他们能够有效使用最新的教育技术和教学方法，提升教学质量。平台提供培训资源和支持文档，帮助教师掌握新技术和教学工具的使用

续表

	内容	具体要求
实践教学质量标准	学生信息化素养	加强学生的信息化教育,培养他们的数字技能和网络安全意识,为他们的未来学习和职业生涯打好基础。平台提供丰富的在线课程和学习资源,帮助学生提高信息化素养
	个性化主页	平台为学生和教师提供个性化主页,功能有所不同: 学生主页:用于上课、学习资料、参与比赛、提交作业和完成实践内容。学生可以在主页上查看个人学习进度和成绩 教师主页:除了与学生相同的功能外,还提供后台查看课程参与人数、学生信息、上课情况、作业提交数量与完成情况以及实践完成情况等监控功能。教师可以通过主页进行教学管理和数据分析,优化教学过程

3. 创新成果评价与共享标准

3.1 创新成果评价规范

3.1.1 创新成果评价的基本原则

依据中共中央、国务院发布的《深化新时代教育评价改革总体方案》，高校需坚持立德树人的根本任务，致力于培养能够担当民族复兴重任、德智体美劳全面发展的新时代人才。因此，在构建大学数智教育平台的创新成果评价体系时，应以《深化新时代教育评价改革总体方案》为指导思想，以确保评价的科学性、公正性和有效性，促进教育质量的持续提升，助力培养全面发展的社会主义建设者和接班人。

3.1.1.1 立德树人导向原则

创新成果评价应始终将立德树人作为根本导向，评估数智教育平台在促进学生道德品质、社会责任感、创新精神和实践能力等方面的实际成效，确保教育评价活动不偏离教育的本质和初衷。

3.1.1.2 全面性与多元化原则

评价体系应全面覆盖数智教育平台在教学内容、教学方法、教学资源、学习成效、师生互动、平台建设与维护等多个方面的创新成果。同时，采用多元化的评价方法和指标，如定量分析与定性评估相结合，以全面反映平台创新成果的综合价值。

3.1.1.3 科学性与客观性原则

在制定评价指标和实施评价的过程中，应坚持科学严谨的态度，确保评价数据的真实可靠和评价指标的客观公正。采用科学的方法和工具收集、处理和分析数据，减少主观因素的影响，提高评价结果的准确性和可信度。

3.1.1.4 过程与结果并重原则

在评价数智教育平台的创新成果时，既要关注平台建设的最终成果，如科研成果、获奖情况、学生满意度等，也要重视平台建设过程中在创新实践、团队协作、持续改进等方面的表现。通过过程评价与结果评价相结合，全面评估平台的创新能力和发展潜力。

3.1.1.5 可持续发展原则

创新成果评价应关注数智教育平台的可持续发展能力，包括平台的技术创新、资源更新、用户增长、社会影响力等方面的持续进步。鼓励平台不断探索新的教育模式和技术手段，提高教育质量和效率，为培养更多德智体美劳全面发展的社会主义建设者和接班人贡献力量。

3.1.1.6 特色与差异化原则

在遵循共性标准的基础上，鼓励各单位根据自身的办学特色和专业优势，制定具有差异化特征的数智教育平台创新成果评价标准。通过特色化评价，推动平台在特定领域或方向上取得更加显著的创新成果。

3.1.1.7 开放性与合作性原则

数智教育平台的创新成果评价应秉持开放合作的理念，加强与国内外其他高校、科研机构、企业等的交流与合作。通过共享资源、交流经验、协同创新等方式，共同提升数智教育平台的创新能力和影响力。同时，积极吸收国际先进的教育评价理念和标准，推动教育评价的国际化进程。

3.1.2　创新成果评价的专家要求

3.1.2.1　专业资质

评价专家应具有中级及以上职称，确保其在专业领域内的权威性和专业性。

3.1.2.2　行业经验

专家需在相关领域工作不少于 3 年，以保证其具有足够的实践经验和行业认知。

3.1.2.3　专业技能

评价专家应具备信息获取、鉴别与评价、调研与预测等专业技能，以确保评价工作的准确性和全面性。

3.1.2.4　独立判断能力

技术专家应对评价对象的技术发展水平、国内外现状等有深入了解，并能够做出独立判断和评价。

3.1.2.5　公正性与客观性

评价专家在评价过程中应保持独立性，避免利益冲突，并签署公正性声明，确保评价结果的客观和公正。

3.1.2.6 保密意识

专家需遵守保密原则，对评价过程中接触到的技术秘密等敏感信息负有保密责任。

3.1.2.7 持续学习与更新

评价专家应定期更新自己的知识结构，以适应科学技术的快速发展和变化。

3.1.2.8 沟通与表达能力

专家应具备良好的沟通能力，能够清晰表达自己的评价意见，并在必要时与评价团队成员进行有效沟通。

3.1.2.9 伦理与责任感

评价专家应具备高度的职业伦理和责任感，确保评价工作的诚信度和权威性。

3.1.2.10 评价方法掌握

专家应熟悉并能够运用多种科技成果评价方法，如同行评议法、指标体系评价法等，以适应不同评价的对象和目的。

3.1.2.11 团队协作能力

在评价过程中，专家需要与其他团队成员协作，形成综合评价结论，因此应具备良好的团队合作精神。

3.1.2.12 持续改进意识

评价专家应根据评价结果和反馈，不断改进自己的评价方法和技能，以提高评价服务质量。

3.1.3 创新成果评价的报告要求

创新成果评价的报告要求，如表4所示。

表4 创新成果评价的报告要求

一级指标	二级指标	三级指标(细化)	观测点(细化)
实践教学质量	实践教学质量总体评估	学生学习效果、教学质量评估、平台数据反馈	课程成绩、完成率、完成等级(如A、B、C等级)；教师评分的公正性、合理性，是否采用了多元化的评估手段，如学生评价、同行评审、自我评估等；上课人数记录、课程参与活跃度、学生满意度调查
	实践教学质量管理标准	教学质量管理体系建设	是否建立了涵盖实践教学全过程的质量管理体系；管理制度是否定期评审与更新；是否设有专门的质量管理机构负责实践教学质量的监督与管理
		实践教学过程监控	是否实施了实践教学过程的日常巡查与记录；是否有定期的教学检查与评估活动；监控结果是否及时反馈给相关教师与部门，并跟踪改进措施的实施情况
		实践教学质量持续改进机制	是否建立了教学质量问题的识别、分析与解决流程；改进措施是否具体、可行，并得到了有效实施；是否对改进措施的效果进行了跟踪与评估，形成了持续改进的闭环

一级指标	二级指标	三级指标（细化）	观测点（细化）
实践教学质量	学生实践参与度	随堂反馈与互动	学生随堂提问的积极性、教师解答的及时性与有效性
		课堂检测与掌握情况	课堂检测的难度、覆盖面及学生对知识点的掌握程度
		能力培养与团队协作	学生在实践中的问题解决能力、批判性思维能力及团队协作能力
		参与度与成果	学生参与实践活动的积极性、频率及实践成果的质量与数量
师生发展	教师信息技术能力	教师信息技术培训次数、培训满意度、教师自主开发教学资源的能力	培训参与率、培训后教师信息技术应用的提升情况、教学资源开发数量和质量
	学生信息技术素养	学生信息技术课程覆盖率、学生信息技术竞赛获奖情况、学生项目实践能力	课程参与率、竞赛获奖次数、学生项目实践成果展示
教学资源	教学资源开发与整合	数字教材开发数量、教学资源库的更新频率、教学资源的多样性和互动性	新开发教材的数量、资源库更新记录、资源多样性和互动性评估
	教学资源的可访问性与共享性	教学资源的在线访问量、资源共享政策、跨学科资源的整合情况	访问量统计、资源共享记录、跨学科资源整合效果

续表

一级指标	二级指标	三级指标(细化)	观测点(细化)
教学模式创新	教学模式的创新性与实践效果	翻转课堂实施情况、项目式学习案例、混合式教学模式的应用	翻转课堂课程数量、项目式学习项目数、混合式教学模式覆盖课程比例
教学管理	教学流程的信息化管理	课程注册、成绩录入、教学反馈的信息化程度	课程注册系统使用率、成绩录入及时性、教学反馈收集与处理效率
	教学评价的多元化与公正性	评价方法的多样性、评价标准的公正性、评价结果的透明度	评价方法的种类、评价标准的一致性、评价结果公开情况
学习支持服务	个性化学习支持服务	个性化学习路径推荐、智能辅导系统、学习困难学生的辅导支持	推荐系统使用情况、智能辅导系统效果、学习困难学生的辅导记录
	学习社区与资源共享平台	学习社区活跃度、资源共享平台的功能完善度、用户参与度	社区发帖数量、资源共享平台功能评价、用户活跃度统计
技术基础设施	硬件设施的先进性与覆盖率	教室多媒体设备配备率、校园网络覆盖范围、移动学习设备的接入	多媒体设备配备记录、校园网络覆盖测试、移动设备接入测试
	软件平台的功能性、稳定性、安全性等	学习管理系统的稳定性、教学软件的兼容性、平台的可扩展性	系统稳定性测试、软件兼容性测试、平台的可扩展性评估

一级指标	二级指标	三级指标（细化）	观测点（细化）
网络安全与隐私保护	安全防护措施的严密性	防火墙部署、入侵检测系统、数据加密技术	防火墙部署情况、入侵检测系统记录、数据加密实施情况
	用户隐私保护政策的执行力度	隐私政策的制定与更新、用户隐私泄露事件的处理	隐私政策更新记录、隐私泄露事件的处理记录和响应时间
组织与领导	组织结构对数智教育的支持	组织结构的灵活性、跨部门协作机制、领导层对数智教育的投入	组织结构调整记录、跨部门协作案例、领导层投入的资源和时间
	领导层决策对数智教育的推动	决策过程中数智教育的优先级、决策对数智教育项目的支持	决策优先级评估、项目支持记录、决策效果反馈
创新成果与影响	创新成果的认可度与示范效应	创新成果获得的奖项、媒体报道、教育界的认可度	奖项数量和级别、媒体报道次数和深度、教育界认可度调查
	创新成果对教育实践的推动	创新成果在教学中的应用情况、对教学方法的改进、对学生学习方式的影响	创新成果应用记录、教学方法改进案例、学生学习方式的变化调查

一级指标	二级指标	三级指标(细化)	观测点(细化)
可持续发展	环境影响评估	平台建设和运营的环境影响评估报告、节能减排目标设定与实施情况	评估报告的详细程度、目标设定的合理性、实施措施的有效性
	节能减排措施	平台使用的硬件和软件的能效标准、节能技术的应用情况	硬件和软件的能效认证、节能技术的具体应用案例、能耗监测数据
	长期监控机制	平台对环境和社会影响的持续监控系统和机制	监控系统的建立情况、监控频率、监控结果的应用和反馈
	教育内容整合	平台课程和材料中整合的可持续发展理念和实践	课程和材料的审查报告、相关主题的覆盖范围、教学活动的创新性

3.2 创新成果评价的分类标准

3.2.1 创新成果内容分类

创新成果内容分类，如表 5 所示。

表 5 创新成果内容分类

成果分类	描述
教学课程创新	①课程内容创新：原创或深度整合的高质量教学资源，包括课程、案例、实验、题库等，满足学生多元化学习需求。例如：开发基于行业前沿的在线课程，融入最新科研成果和企业实践案例 ②教学模式创新：探索并实施的新型教学模式，如翻转课堂、混合式教学、项目式学习等，有效促进学生主动学习。例如：实施"线上预习+线下研讨"的混合式教学模式，增强师生互动 ③课程设计创新：设计符合学生认知规律和学习习惯的课程体系，提升学习兴趣和效果。例如：设计阶梯式课程体系，从基础到进阶，逐步引导学生深入学习
学生实践创新	①实践项目创新：设计并实施具有挑战性的实践项目，培养学生的实践能力和创新精神。例如：组织学生参与行业项目，将所学知识应用于解决实际问题 ②实践指导创新：采用新的实践指导方式，如导师制、项目驱动等，提高实践效果。例如：实施导师制，每位学生配备专业导师进行一对一指导

续表

成果分类	描述
技术创新	在数智教育平台开发、运维、数据分析等方面采用的新技术、新方法或新工具，显著提升平台性能或用户体验。例如：引入 AI 智能推荐算法，提高学习资源个性化推送精准度；开发在线实践平台，提供虚拟实验、模拟实训等功能
平台功能创新	拓展或优化平台功能，提供丰富的实践资源和机会，如智能测评、学习路径规划、学习社区建设等，提升平台服务能力和用户粘性。例如：开发学习行为分析系统，为学生提供个性化学习路径建议
评价体系创新	构建科学、全面的评价体系，包括学习成效评估、教学质量监控、学生反馈机制等，促进教学质量持续改进。例如：实施多元化评价体系，结合过程性评价与终结性评价，全面反映学生的学习情况
协作与共享创新	促进校内外、国内外教育资源协作与共享的创新实践。例如：加入国际开放教育资源（OER）平台，实现优质课程资源的全球共享
可持续发展创新	在平台建设、运营、维护等方面采取的环保、节能、可持续发展的措施和策略。例如：采用云计算技术降低硬件成本，实现资源的灵活配置和高效利用
社会价值	提升全民素质；创造就业机会；支撑区域产业优化与国家战略。例如：促进教育公平，培养高素质人才
文化价值	推动文化创新，普及科技知识；助力文化产品数字化，保护历史文化遗产。例如：开发科普向 App 普及科技知识，利用数字化技术保护非遗

3.2.2 创新成果评价的指标体系

创新成果评价的指标体系，如表6所示。

表6 创新成果评价的指标体系

评价指标分类	评价要点	观测点
课程内容创新	资源的原创性、整合度与质量；教学资源的应用效果	原创课程资源比例；案例、实验、题库的丰富度和时效性；资源对学生学习需求的满足度；学生对课程资源的满意度；学习成效提升情况；课程资源的实际利用率
教学模式创新	考察教学模式的创新性、实施效果及对教学过程设计的严谨性和系统性对学生学习积极性和学习效果的影响；评估教学模式对学生能力培养的具体作用	教学模式创新度评分（基于专家评审）；学生学习积极性提升百分比；学习效果提升百分比（如成绩提高、技能掌握度等）；教学过程设计的严谨性评分；学生能力培养效果评分（如批判性思维、创新能力等）
课程设计创新	课程体系的科学性与合理性；课程体系的学习效果	课程体系是否符合学生认知规律；课程内容安排的逻辑性与连贯性；学生学习兴趣的提升情况；学习效果的整体提升；学生对课程体系的满意度
技术创新	评估新技术或新方法的先进性、实用性及用户反馈；分析其对平台性能或用户体验的具体提升效果	技术先进性评分（基于行业标准或专家评审）；实用性评分（用户调研或满意度调查）；用户反馈正面率；平台性能提升百分比（如响应时间、吞吐量等）；用户体验评分（如易用性、满意度等）

评价指标分类	评价要点	观测点
实践项目创新	实践项目的挑战性与创新性；实践项目的实施效果	实践项目的难度与前沿性；项目与实际应用场景的结合度；项目的创新点；学生参与项目的积极性；项目成果的质量；项目对学生实践能力的提升效果
实践指导创新	指导方式的新颖性与有效性；导师制或项目驱动的实施情况	实践指导方式的创新点；指导方式的适用性；指导效果的提升情况；导师制或项目驱动的覆盖范围；导师的专业性与责任心；学生对指导方式的满意度
平台功能创新	考察新增或优化功能的实用性、易用性和用户满意度；分析其对平台服务能力和用户粘性的提升效果	新增/优化功能实用性评分；用户满意度评分（针对新功能）；平台服务能力提升百分比（如并发用户数、处理速度等）；用户粘性提升指标（如活跃用户数、访问频率等）
评价体系创新	评估评价体系的科学性、全面性和可操作性；分析其对教学质量监控和学生发展评估的有效性	评价体系的科学性评分（基于专家评审）；评价体系的全面性评分（覆盖的评估维度）；评价体系的可操作性评分（操作复杂度、用户友好度）；教学质量监控效果评分；学生发展评估的有效性评分；是否结合了项目报告、实物作品、答辩表现等多种方式；评价方式的可操作性
协作与共享创新	考察协作与共享机制的创新性、实施效果及资源利用率；分析其对教育资源均衡分配和教学质量提升的贡献	协作与共享机制的创新性评分；协作项目的实施效果评分；资源利用率提升百分比；教育资源均衡分配的改善情况；教学质量提升的贡献度评分

续表

评价指标分类	评价要点	观测点
可持续发展创新	评估可持续发展措施的环境效益、经济效益和社会效益；分析其对平台长期稳定运行和可持续发展的促进作用	环境效益评分；经济效益评分（如成本节约、收入增长等）；社会效益评分（如社会认可度、品牌形象等）；平台长期稳定运行能力提升百分比；可持续发展的促进效果评分
社会价值	评估教育资源覆盖的广度与深度，衡量教育公平的实现程度；考察毕业生就业率及职业发展情况，评价教育与产业的融合效果；分析对区域经济发展和国家战略的贡献度	教育资源覆盖广度（如地区、学校数量等）；教育资源覆盖深度（如学生受益程度）；毕业生就业率及职业发展情况评分；教育与产业融合效果评分；对区域经济发展和国家战略的贡献度评分
文化价值	评估文化创新活动的数量和影响力，衡量创新氛围的营造效果；考察科普活动的参与度和效果，评价科学素质的提升情况；分析文化产品数字化的质量和传播效果，以及对文化遗产保护和传承的贡献	文化创新活动的数量及影响力评分；创新氛围营造效果评分；科普活动参与度及效果评分；科学素质提升百分比；文化产品数字化质量和传播效果评分；文化遗产保护和传承的贡献度评分

3.3 创新成果评价规程

本规程旨在明确创新成果评价受理的流程、标准及要求，确保所有提交的创新成果能够得到公正、客观、及时的评价。本规程适用于所有符合组织或项目创新成果评价标准的成果申请，包括但不限于技术创新、教学模式创新、内容创新、平台功能创新、评价体系创新、协作与共享创新、可持续发展创新、社会价值及文化价值等领域的创新成果。

3.3.1 创新成果评价受理

3.3.1.1 受理目的与原则

本受理环节旨在规范创新成果评价申请的接收与处理流程，确保所有符合要求的创新成果能够顺利进入评价程序。受理过程将遵循公平、公正、公开的原则，对所有申请者一视同仁。

3.3.1.2 受理条件

成果类型：申请评价的创新成果需属于技术创新、教学模式创新、内容创新、平台功能创新、评价体系创新、协作与共享创新、可持续发展创新、社会价值或文化价值创新等范畴。

材料完整性：申请者需提交完整的申请材料，包括但不限于成果介绍、技术文档、应用案例、用户反馈、证明材料等。

合规性：申请成果需符合国家法律法规、伦理道德及行业规范的要求。

3.3.1.3 受理流程

提交申请：申请者通过指定渠道提交创新成果评价申请及相关材料。

形式审查：评价机构对申请材料进行形式审查，确认材料齐全、格式规范，符合受理条件。

受理通知：形式审查通过后，向申请者发出受理通知书，明确评价流程、时间节点及后续要求。

材料补充：如申请材料存在不足或需进一步说明，评价机构将一次性告知申请者需补充或修改的内容，并限定补正期限。

3.3.2 创新成果评价组织和实施

3.3.2.1 评价组织

成立评价小组：根据创新成果的特点和领域，组建由相关领域专家组成的评价小组，负责具体评价工作。

制定评价计划：明确评价目标、评价标准、评价方法、评价流程等，确保评价工作科学、规范、有序进行。

3.3.2.2 评价实施

专家评审：评价小组依据评价方案，对创新成果进行独立、客观、公正的评审，给出评审意见和评分。

综合评估：评价机构汇总专家评审的意见，进行综合评估，形成初步评价结论。如有必要，组织评价小组成员对数智教育平台进行现场考察，以获取第一手资料。

结果审定：必要时，组织专家会议对初步评价结论进行审议，形成最终评价结果。

反馈与沟通：将评价结果及时反馈给申请者，并接受申请者的反馈和沟通，确保评价结果的准确性和公正性。

3.3.3 创新成果评价报告的形成和交付

3.3.3.1 报告形成

数据整理：收集、整理评价过程中产生的各类数据和信息，包括专家评审意见、评分、讨论记录等。

分析总结：对收集到的数据和信息进行深入分析，提炼出创新成果的核心价值、创新点、优缺点及改进建议等。

撰写报告：根据分析总结结果，撰写创新成果评价报告。报告应结构清晰、内容详实、观点明确、结论准确。

审核修改：组织专家或相关人员对评价报告进行审核和修改，确保报告质量。

3.3.3.2 报告交付

正式交付：将审核通过的评价报告以正式文件的形式交付给申请者或相关单位。报告应加盖评价机构公章，以体现其权威性和正式性。

存档备查：评价机构应建立评价报告存档制度，将每份评价报告进行编号、登记并妥善保存，以备后续查阅和参考。

3.3.4 创新成果总结与后续管理

3.3.4.1 创新成果总结

总结报告：申请者需撰写成果总结报告，对创新成果的研究过程、主要成果、创新点、应用效果等进行全面梳理和总结。

专家评审与审批：根据项目或课题的管理要求，组织专家对成果总结报告进行评审，确认成果达到预定目标和要求。如有必要，组织答辩会，向利益相关者展示创新成果和总结报告。评审通过后，由相关管理部门进行审批，正式确认该项目完结。

成果归档：将所有相关文档、数据和报告进行归档，确保信息的长期保存和可追溯性。

3.3.4.2 创新成果后续管理

成果推广：对于具有推广应用价值的创新成果，积极协助申请者进行成果推广，促进成果转化。

持续改进：鼓励申请者根据评价反馈和市场需求，对创新成果进行持续优化和改进，提升成果的竞争力和影响力。

知识产权保护：加强知识产权保护意识，协助申请者完善知识产权布局，保护创新成果的知识产权权益。

人才培养：通过创新成果的研发和实施过程，培养和锻炼一支高素质的创新人才队伍，为未来的科研工作和创新活动提供有力的人才保障。

持续监测：对创新成果的应用效果进行持续监测，评估其长期影响。

知识分享：通过学术会议、出版物、工作坊等方式，分享创新成果和经验。

政策建议：向政策制定者提供基于创新成果的洞见和建议，促进教育政策的发展。

合作机会：探索与其他教育机构或行业合作伙伴的合作机会，共同推动教育技术的发展。

评价和认证：根据需要，参与或申请相关的教育技术评价和认证程序。

3.4　创新成果共享标准

3.4.1　共享形式分类

3.4.1.1　集中式共享

集中式共享是指由大学数智教育平台统一管理和运营，将创新成果集中存储于平台服务器，并通过平台向全校师生及外部合作伙伴提供访问和使用权限。

特点：便于集中管理、维护和安全控制，确保创新成果的一致性和完整性。同时，通过统一的访问接口，提高成果的传播效率和利用率。

3.4.1.2　分布式共享

分布式共享允许创新成果的拥有者(如教师、研究团队等)自行在其服务器或云端存储成果，并通过统一的平台接口进行注册和发布，供其他用户访问和使用。

特点：灵活性高，适合不同学科、领域和团队的个性化需求。同时，通过平台的聚合效应，实现跨领域、跨机构的资源共享。

3.4.1.3　混合式共享

混合式共享结合集中式共享和分布式共享的优势，既保留集中管理的便利性和安全性，又兼顾分布式共享的灵活性和个性化特点。平台提供统一的注册、发布和访问接口，同时支持成果的分布式存储和集中展示。

特点：平衡了集中与分散的利弊，为创新成果的共享提供了更加灵活和高效的解决方案。

每种形式都有其特定的法律、技术和管理要求，旨在确保创新成果能够以最合适的方式被广泛传播和应用，同时保护原创者的权益和激励持续的创新活动。

3.4.2 共享审核规程

3.4.2.1 提交与登记

创新成果拥有者需通过平台提交成果的基本信息、技术文档、应用场景等，并进行初步登记。

平台设立专门的审核入口，确保所有提交成果都能得到及时、有效地处理。

3.4.2.2 审核流程

形式审查：检查提交材料的完整性和规范性，确保符合平台的基本要求。

内容审核：对创新成果进行实质性审查，包括但不限于创新性、实用性、安全性、合规性等方面。采用机器审核与人工审核相结合的方式，确保审核结果的准确性和公正性。

专家评审：对于重要或复杂的创新成果，可邀请相关领域的专家进行评审，提供专业意见和建议。

3.4.2.3 审核结果

审核通过的成果将在平台上正式发布，供全校师生及外部合作伙伴访问和使用。

审核未通过的成果将给出具体反馈，指导成果拥有者进行修改和完善。

3.4.2.4 后续监管

平台建立成果共享后的监管机制，对成果的使用情况进行跟踪和评估，确保成果的合法、合规使用。

对于发现的违规行为，平台将依据相关规定进行处理，并追究相关责任人的责任。

通过这一规程，可以确保共享的创新成果不侵犯他人的知识产权，符合法律法规要求，并且对所有利益相关者都是公平和透明的。此外，审核规程还有助于识别和解决潜在的伦理、安全和隐私问题。

3.4.3 共享利益分配

3.4.3.1 利益分配原则

公平合理：根据创新成果的实际贡献和价值，合理确定各参与方的利益分配比例。

合同约定：在协同创新过程中，各参与方应签订明确的合作协议，约定利益分配的具体方式和标准。

动态调整：根据创新成果的实际应用效果和市场反馈，适时调整利益分配比例，确保各方利益得到持续保障。

3.4.3.2 利益分配方式

直接分配：将创新成果产生的直接经济收益按照约定比例分配给各参与方。

知识产权共享：对于具有知识产权的创新成果，可通过专利许可、技术转让等方式实现利益共享。

合作开发：鼓励各参与方共同参与后续的开发和推广工作，通过合作项目的成功，实现利益共享。

3.4.3.3 争议解决机制

设立专门的争议解决机构或委托第三方机构进行调解和仲裁。

在合作协议中明确争议解决的方式和程序，确保争议能够得到及时、有效地解决。

对于涉及重大利益分配的争议，可寻求法律途径进行解决。

上述利益分配机制考虑到所有贡献者的努力和投入，确保各方都能从创新成果的共享中获得应有的回报。合理的利益分配还能促进更广泛的合作和知识交流，推动社会整体的进步和繁荣。

4. 数智教育实践资源共享机制

4.1 平台访问模式

数智教育实践创新平台的访问模式，如图 3 所示。

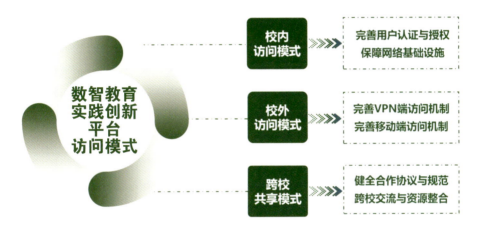

图 3 数智教育实践创新平台的访问模式

4.1.1 校内访问模式

4.1.1.1 用户认证与授权

①统一身份认证系统：

全校师生应使用统一的身份认证账号登录数智教育实践创新平台，该账号应与学校的教务系统、人事系统等相关联，确保用户信息的准确性和一致性。

身份认证系统应支持多种认证方式，如用户名密码认证、数字证书、指纹识别、人脸识别等，以满足不同用户的需求和安全级别要求。

对于临时访客，如外请专家、合作单位人员等，应提供临时账号申请和审批流程，确保其在规定时间内有限地访问相关资源。

②资源访问授权：

根据用户的身份（如学生、教师、管理人员等）和所在院系、专业、课程等信息，为其分配相应的资源访问权限。

教师应能够自主设置其所负责课程的资源访问权限，如允许特定学生组织或班级访问某些教学资料。

学生在选修相关课程或参与特定实践项目后，应自动获得相应的资源访问权限。

4.1.1.2 网络与设施保障

①校园网覆盖：

确保校园内所有教学区域、图书馆、实验室、宿舍等场所均有稳定、高速的校园网覆盖，为师生访问数智教育实践资源提供良好的网络环境。

不断优化校园网的带宽和性能，以满足大量用户同时访问资源时的需求。

②无线网络支持：

提供全校范围内的无线网络服务，支持多种无线标准（如 802.11ac、802.11ax 等），确保用户在移动状态下也能顺畅访问资源。

对无线网络进行合理的频段规划和信道分配，避免信号干扰，提高网络连接质量。

4.1.1.3 创新平台优化

①界面友好性：

创新平台的界面应简洁明了，易于操作，符合用户的使用习惯。

提供清晰的导航和搜索功能，方便用户快速找到所需的资源。

针对不同类型的资源(如文档、视频、音频、软件等)，提供相应的预览和播放功能，使用户在下载前能够了解资源的内容。

②资源分类与组织：

对数智教育实践资源进行详细分类，如按照学科门类(如工学、理学、文学等)、课程类型(如必修课、选修课、实践课等)、资源类型(如教材、课件、实验数据、教学视频等)进行分类等。

建立资源目录和索引，通过关键词搜索、分类筛选等方式，让用户能够快速定位所需资源。同时，提供资源推荐功能，根据用户的访问历史和偏好，为其推荐相关的资源。

4.1.2 校外访问模式

4.1.2.1 VPN 访问

建立安全可靠的 VPN 服务，校外师生通过 VPN 连接访问校内数智教育实践资源。VPN 服务应支持多种操作系统和设备，包括 Windows、Mac、iOS、Android 等。

制定严格的 VPN 使用规则和安全策略，如限制同时登录的用户数量、访问时间、访问资源范围等。同时，对 VPN 连接进行加密传输，确保数据的安全性和隐私性。

提供 VPN 使用培训和技术支持，帮助校外师生正确安装和使用 VPN 客户端。培训资料应包括详细的操作指南、常见问题解答等，技术支持渠道应保持畅通，及时解决用户遇到的问题。

4.1.2.2 移动端访问

开发专属的移动应用，支持校外师生通过手机和平板等移动设备访问数智教育实践资源。移动应用应具备良好的用户界面和操作体验，适应不同屏幕尺寸和分辨率。

优化移动应用的网络流量消耗，采用数据压缩、缓存等技术，减少用户在移动网络环境下的流量费用。同时，支持离线访问功能，用户可以在有网络时下载资源，离线时进行学习和使用。

定期更新移动应用，修复漏洞，优化性能，增加新功能。应用的更新频率不低于每月一次，以提供更好的服务和用户体验。

4.1.3 跨校共享机制

4.1.3.1 合作协议与规范

各高校之间签订合作协议，明确双方在数智教育实践资源共享方面的权利和义务。协议内容包括共享资源的范围、使用方式、知识产权归属、数据安全保障等。

制定跨校共享的规范和标准，如资源格式统一标准、数据交换协议、用户认证互认机制等，确保资源在不同高校之间能够顺畅共享和使用。

建立合作评估机制，定期对合作效果进行评估和总结，及时调整合作策略和方式，不断优化跨校共享机制。

4.1.3.2 资源整合与共享平台

各高校整合校内优质的数智教育实践资源，形成具有特色和优势的资源库。资源库应涵盖多个学科领域和专业方向，满足不同高校的需求。

搭建跨校资源共享平台，实现资源的集中管理和发布。平台应具备资源检索、在线预览、下载、评价等功能，方便用户查找和使用共享资源。

建立资源共享审核机制，对上传到共享平台的资源进行审核和筛选，确保资源的质量和合法性。审核流程应公开透明，审核结果应及时反馈给资源提供者。

4.1.3.3 交流与合作

组织跨校交流活动，如研讨会、培训课程、学术讲座等，促进高校之间的经验分享和交流合作。每年至少举办两次跨校交流活动。

开展联合科研项目和教学改革实践，共同探索数智教育的新模式和新方法。对于联合项目，应明确各方的责任和分工，确保项目的顺利推进和成果产出。

建立跨校教师和学生交流机制，鼓励教师之间的合作教学和学术指导，促进学生之间的学习交流和项目合作。例如，可以开展校际交换生项目、联合毕业设计等活动。

4.2　资源共享机制

数智教育实践资源共享机制，如图 4 所示。

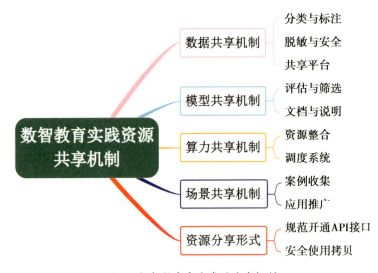

图 4　数智教育实践资源共享机制

4.2.1　数据共享机制

4.2.1.1　数据分类与标注

对数据进行详细分类，如按照学科领域(如物理学、化学、生物学等)、数据类型(如实验数据、观测数据、模拟数据等)、数据来源(如实验室采集、实地调研、卫星遥感等)进行划分。分类应遵循国际通用的数据分类标准和行业规范,确保分类的准确性和一致性。

制定统一的数据标注规范,包括标注的方法、格式、精度要求等。例如,对于图像数据的标注,规定像素级别的精度要求;对于文本数据的标注,明确词汇、语义的标注规则。标注工作应由经过培训的专业人员进行,确保标注质量。据统计,标注的准确率应不低于 95%,召回率不低于 90%。

4.2.1.2　数据脱敏与安全

在共享数据前,对包含个人隐私、商业机密或敏感信息的数据进行脱敏处理。脱敏方法应符合国家相关法律法规和数据安全标准,如采用数据匿名化、加密、哈希处理等技术。确保脱敏后的数据无法还原出原始敏感信息,同时保持数据的可用性和分析价值。

采用先进的加密技术对数据进行传输和存储。建立严格的数据访问控制机制,只有经过授权的用户在特定的环境下才能访问和使用数据。定期进行数据安全审计和风险评估,及时发现和处理数据安全隐患。

4.2.1.3　数据共享平台

搭建功能强大的数据共享平台,支持多种数据格式的上传和下载,如CSV、JSON、XML 等。平台应具备高效的数据检索和筛选功能,能够根据用户的需求快速准确地找到相关数据。数据的上传和下载速度应不低于100Mbps,检索响应时间不超过 5 秒。

设立数据管理员,负责审核数据的上传请求,确保数据的质量和合法性。同时,监督数据的使用情况,防止数据的滥用和非法传播。管理员应定期向数据提供者和使用者反馈数据的使用情况和效果评估。

4.2.2　模型共享机制

4.2.2.1　模型评估与筛选

建立模型评估指标体系，包括准确率、召回率、F1 值、均方误差等，对校内开发的模型进行客观、全面的评估。评估工作应由专业的评估团队进行，评估结果应具有可重复性和可比性。

根据评估结果，筛选出性能优异、具有广泛应用价值的模型进行共享。同时，对模型的适用范围、局限性和使用条件进行明确说明，以便用户正确选择和使用模型。

4.2.2.2　模型文档与说明

为共享的模型提供详细的文档和说明，包括模型的架构、训练数据、训练方法、超参数设置、性能指标等。文档应采用清晰、简洁的语言，便于用户理解和复现模型。例如，对于深度学习模型，应提供网络结构的示意图和代码示例。

定期更新模型文档，记录模型的改进和优化过程，以及在不同应用场景下的表现和效果。更新频率应根据模型的发展和应用情况而定，一般不超过半年。

4.2.3　算力共享机制

4.2.3.1　算力资源整合

整合各高校内的计算资源，包括服务器集群、GPU 资源、云计算平台等，形成统一的算力资源池。对算力资源进行实时监测和管理，掌握资源的使用情况和负载状况。据统计，资源的利用率应不低于 70%，以充分发挥算力的价值。

建立算力资源分配策略，根据用户的需求和任务的优先级，合理分配算力资源。例如，对于紧急的科研任务和重要的教学实验，优先分配充足的算力资源。

4.2.3.2 算力调度系统

开发高效的算力调度系统，实现对算力资源的自动化分配和管理。调度系统应支持多种调度算法，如先来先服务、优先级调度、资源预留等，以满足不同用户的需求。

优化算力调度系统的性能，减少任务的等待时间和资源的闲置时间。系统的调度响应时间应不超过 10 秒，任务的平均完成时间应在合理的范围内。

4.2.4 场景共享机制

4.2.4.1 场景案例收集

建立场景案例收集渠道，鼓励师生通过在线平台、邮件等方式分享与探讨在教学和实践中遇到的典型场景案例。对收集到的场景案例进行分类和整理，形成场景案例库。

对场景案例进行详细的描述和分析，包括场景的背景、问题、解决方案、效果评估等。每个场景案例应具有明确的主题和清晰的逻辑结构，便于用户学习和借鉴。

4.2.4.2　场景应用推广

推广优秀的场景应用案例，通过举办讲座、培训、工作坊等活动，向师生介绍场景应用的成功经验和实践方法。同时，在学校官网、社交媒体等平台上发布场景应用的案例成果，扩大影响力。

组织相关的竞赛和项目，鼓励师生将场景应用于实际的教学和科研项目中，推动场景的创新和应用。对优秀的项目和成果进行表彰和奖励，激发师生的积极性和创造力。

4.2.5　资源分享形式

4.2.5.1　API 接口

提供数据和模型的 API 接口，接口应遵循开放的标准和规范，如 RESTful API 架构。接口文档应详细说明接口的功能、参数、返回值、调用方法等，便于开发者使用。

对 API 接口的调用进行权限管理和流量控制，确保接口的安全和稳定运行。例如，限制每个用户的调用频率和并发数，防止接口被滥用和恶意攻击。

4.2.5.2　拷贝

在符合法律法规和版权要求的前提下，允许对部分数据和模型进行拷贝。拷贝应经过严格的审批流程，明确拷贝的目的、使用范围和期限等。

对拷贝的数据和模型进行跟踪和管理，防止拷贝资源的非法传播和滥用。定期对拷贝资源的使用情况进行检查和评估，确保资源的使用符合规定。

4.3 数据共享标准

数智教育实践创新平台的数据共享标准旨在统一内外部的数据标准形式，确保数据自身以及其在共享过程中的质量、安全性和可操作性。无论是内部还是外部数据上传，都应严格遵守相应的格式要求和规格标准，以保证平台的数据资源能够得到有效的利用和共享。同时，平台也应提供相应的工具和技术支持，方便用户进行数据上传和管理，促进数智教育实践创新的不断发展，标准以常见的 CSV、JSON、XML 格式为例。

4.3.1 内部数据上传格式要求

4.3.1.1 CSV 格式

①要求：文件编码应为 UTF-8，确保字符的正确显示和处理。在当今数字化的教育环境中，数据的准确性和可读性至关重要。采用 UTF-8 编码可以有效地避免因字符编码问题而导致的数据乱码现象，使得不同语言和字符集的数据都能在平台上得到正确的显示和处理。

每行数据代表一个记录，字段之间用逗号分隔。这种简洁明了的格式便于数据的管理和分析。每个记录应具有完整性和独立性，以便于后续的数据处理和应用。

首行应包含字段名称，字段名称应具有明确的语义，避免使用模糊或不具代表性的名称。这样可以让用户在查看数据时能够快速了解每个字段所代表的信息，提高数据的可读性和可理解性。

数据中不应包含重复的行，确保数据的唯一性。重复的数据不仅会占用存储空间，还会影响数据的分析和处理结果。因此，在上传数据之前，应进行数据清理和去重操作，确保数据的唯一性和准确性。

②规格：数值型数据应遵循一定的格式规范，如整数、小数等，以便于数据的计算和分析。同时，应避免在数值型数据中使用特殊字符或非数字字符，以免影响数据的准确性和处理结果。

文本型数据中的多余空格会影响数据的美观性和可读性，同时也可能会在数据处理过程中引起错误。因此，在上传文本型数据之前，应去除前后多余的空格，保证数据的整洁性和准确性。

日期字段应采用统一的格式，如 YYYY-MM-DD，以便于数据的处理和分析。日期字段是数据中常见的一种类型，采用统一的格式可以方便数据的处理和分析。同时，也可以避免因日期格式不一致而导致的数据错误和处理困难。

4.3.1.2 JSON 格式

①要求：JSON 是一种轻量级的数据交换格式，具有简洁、易读、易解析等优点。在上传 JSON 格式的数据时，应确保数据结构清晰明了，遵循 JSON 的语法规范，以便于数据的解析和处理。

对象的属性名称是 JSON 数据中的重要组成部分，应具有明确的含义，能够准确地描述其所代表的信息。避免使用模糊或不具代表性的名称，以免影响数据的可读性和可理解性。

数组是 JSON 数据中的一种常见数据结构，其中的元素应具有相同的数据类型和结构，以便于数据的处理和分析。如果数组中的元素类型和结构不一致，可能会导致数据处理错误和分析困难。对于复杂的数据结构，应合理使用嵌套的对象和数组。在处理复杂的数据结构时，可以合理使用嵌套的对象和数组，以便于更好地组织和管理数据。但是，应避免过度嵌套，以免影响数据的可读性和可维护性。

②规格：数值型数据在 JSON 中应直接以数字形式表示，不添加额外的引号或其他符号，以便于数据的计算和分析。如果数值型数据添加了引号或其他符号，可能会导致数据类型错误和处理困难。

字符串数据是 JSON 中的一种常见数据类型，应使用双引号括起来，以便于数据的解析和处理。如果字符串数据没有使用双引号括起来，可能会导致数据解析错误和处理困难。布尔型数据应使用 true 或 false 表示。布尔型数据在 JSON 中应使用 true 或 false 表示，以便于数据的判断和处理。如果布尔型数据使用其他形式表示，可能会导致数据类型错误和处理困难。

在设计 JSON 数据的层级结构时，应合理规划对象和数组的嵌套层次，避免过深的嵌套导致数据难以理解和处理。同时，也应注意数据的可读性和可维护性，以便于后续的数据更新和维护。

4.3.1.3　XML 格式

①要求：XML 是一种可扩展标记语言，具有良好的扩展性和可读性。在上传 XML 格式的数据时，应遵循 XML 的语法规范，包括正确的标签嵌套、属性命名等，以便于数据的解析和处理。

标签名称是 XML 数据中的重要组成部分，应具有明确的含义，能够准确地描述其所包含的数据内容。避免使用模糊或不具代表性的名称，以免影响数据的可读性和可理解性。

在处理重复的数据结构时，可以使用合适的命名空间进行区分，以便于更好地组织和管理数据。命名空间可以有效地避免标签名称冲突和数据混淆，提高数据的可读性和可维护性。

XML 数据应具有良好的可读性和可维护性，以便于后续的数据更新和维护。在设计 XML 数据结构时，应考虑数据的可读性和可维护性，采用合理的标签命名和结构设计，以便于用户理解和操作。

②规格：标签的属性值是 XML 数据中的重要组成部分，应使用双引号括起来，以便于数据的解析和处理。如果属性值没有使用双引号括起来，可能会导致数据解析错误和处理困难。

数值型数据在 XML 中可以直接包含在标签内部，也可以作为属性值。无论采用哪种方式，都应保持一致性，以便于数据的处理和分析。

文本型数据在 XML 中应进行适当的编码处理，避免出现特殊字符导致解析错误。可以使用 XML 实体引用或字符编码等方式进行处理，以确保数据的准确性和可读性。

XML 文档应具有明确的根元素，以确保数据的完整性和结构性。根元素是 XML 文档的入口点，应具有明确的含义和结构，以便于数据的解析和处理。

4.3.2　外部数据上传格式要求

4.3.2.1　CSV 格式

①要求：外部数据的来源可能多种多样，为了确保数据的可靠性和可追溯性，需要对数据来源进行明确标注。可以在 CSV 文件的头部或尾部添加数据来源信息，以便于用户了解数据的背景和来源。

外部引用或链接可能会影响数据的完整性和准确性，因此需要在备注字段中进行说明。用户可以根据备注信息判断数据的可靠性和可用性，以便于更好地利用数据。

外部数据可能存在各种问题，如数据缺失、格式错误、重复数据等。

在上传数据之前，应进行初步的清理和验证，确保数据的质量和可靠性。可以使用数据清洗工具或手动检查的方式进行处理，以提高数据的质量和可用性。

②规格：外部数据的格式可能与内部数据有所不同，为了更好地适应外部数据的特点，可以适当调整字段顺序和分隔符。但是，应在上传说明中进行明确，以便于用户了解数据的格式和结构。

大规模的 CSV 数据可能会对系统造成较大的负载，影响系统的性能和稳定性。为了避免这种情况，可以考虑分批次上传数据，每次上传一部分数据，逐步完成数据的上传过程。

4.3.2.2　JSON 格式

①要求：外部 JSON 数据应遵循通用的 JSON 标准，具有良好的可读性和可解析性。同时，应确保平台的解析器能够正确识别外部 JSON 数据，以便于数据的处理和分析。

外部 JSON 数据可能包含自定义的扩展属性或格式，为了让用户更好地理解和使用这些数据，应提供详细的说明文档。说明文档应包括扩展属性或格式的含义、用法、示例等信息，以便于用户快速掌握数据的特点和使用方法。

外部数据的安全性是非常重要的，应避免上传包含恶意代码或敏感信息的数据。可以使用数据加密、数据验证等方式保障数据的安全性，确保平台和用户的数据安全。

②规格：外部 JSON 数据可能需要进行一些转换和处理，以便于更好地适应平台的需求。但是，应保持数据的原始含义和结构，避免数据的失真和错误。可以使用数据转换工具或手动处理的方式进行处理，以确保数据的准确性和可用性。

复杂的 JSON 数据可能会让用户感到困惑和难以理解，为了帮助用户更好地理解和使用这些数据，可以提供数据字典或示例文件。数据字典应包括 JSON 数据的详细说明、属性含义、数据类型等信息，示例文件应展示 JSON 数据的具体内容和格式，以便于用户快速掌握数据的特点和使用方法。

4.3.2.3 XML 格式

①要求：外部 XML 数据应遵循良好的 XML 设计原则，具有清晰的结构和明确的语义。这样可以提高数据的可读性和可维护性，同时也便于数据的处理和分析。

外部 XML 数据应经过验证，确保符合 XML 的语法规范和数据完整性要求。可以使用 XML 验证工具或手动检查的方式进行处理，以提高数据的质量和可用性。

如果 XML 数据中包含外部引用或链接，外部引用或链接可能会带来安全风险，因此需要进行安全检查和处理。可以使用安全扫描工具或手动检查的方式进行处理，确保外部引用或链接的安全性和可靠性。

②规格：外部 XML 数据可能需要进行一些格式转换或数据提取，以便于更好地适应平台的需求。但是，应保持数据的准确性和可靠性，避免数据的失真和错误。可以使用数据转换工具或手动检查的方式进行处理，以确保数据的质量和可用性。

大型的 XML 数据集可能会对系统造成较大的负载，影响系统的性能和稳定性。为了提高上传效率和系统性能，可以采用分块上传或流式处理的方式，逐步完成数据的上传过程。同时，也可以使用数据压缩等技术减少数据的传输量，提高数据的传输效率。

5．数智教育实践创新教学应用案例

数智教育实践创新平台可以通过提升平台性能、推动学术交流与合作、争取政府支持、加强共享机制等综合举措，不断强化宣传和示范效应，提升平台的影响力，实现较好的应用与传播效用，并促进平台在其他高校广泛应用。

下面以武汉大学 OGE 平台及产学研合作举措为例，展现如何较好地应用与推广数智教育教学实践案例。

5.1 武汉大学 OGE 平台推广举措实例

5.1.1 平台简介

开放地球引擎(Open GeoSpatial Engine，OGE)是一个全栈自主的时空信息基础设施，如图 5 所示。它瞄准"数字地球"时空信息服务需求，具备"算

图 5　武汉大学 OGE 平台介绍与界面

力—算法—数据"弹性耦合和开放共享能力。目前，该平台汇聚了高分、哨兵、landsat 等系列卫星遥感数据以及海量遥感样本数据，并提供了云原生算子、基础算子以及 200 余个专业模型，可以面向空天信息领域推广、实践。

5.1.2 平台推广

武汉大学 OGE 平台的推广举措，如图 6 所示。

图 6　武汉大学 OGE 平台推广举措实例

5.1.2.1 建立权威的平台展示

①打造专门的 OGE 平台官方网站：

详细阐述平台的功能，包括但不限于数据处理、模型分析、结果可视化等核心功能。例如，说明平台能够处理多种类型的空天数据，如高精度卫星影像(分辨率可达 0.5 米)、雷达数据等，并能实现快速地数据分析和处理，处理速度较传统方法提升 50% 以上。

突出平台的优势，如先进的算法、强大的算力支持、友好的用户界面等。

举例说明平台采用的最新深度学习算法在目标识别任务中的准确率超过90%。

展示丰富的应用案例,涵盖土地利用监测、气象预测、环境评估等多个领域。比如,在土地利用监测方面,平台能够精确识别出土地类型的变化,误差率控制在5%以内。

介绍技术架构,包括硬件设施、软件系统等,让用户了解平台的稳定性和可扩展性。例如,提及平台的服务器集群能够支持同时处理多个大型项目,且具备灵活的扩展能力。

②利用多媒体进行直观展示:

制作视频演示,详细展示平台的操作流程,从数据导入到结果输出的全过程。

设计动画解说,以通俗易懂的方式解释平台的复杂技术原理和创新点。

提供实际案例的视频展示,如通过平台对某地区的森林覆盖变化进行监测的成果展示。

③设立常见问题解答板块:

收集潜在用户可能提出的问题,如数据格式要求、计算资源分配、平台使用费用等。

提供清晰准确的回答,消除用户的疑虑。

5.1.2.2 开展线下宣传推广活动

①组织推广团队前往高校:

制定详细的路演和宣讲计划,覆盖重点高校和相关专业院校。

携带演示设备,现场展示平台的操作和功能。例如,现场演示如何利用平台快速生成某地区的高精度地形模型。

与高校师生进行面对面交流,了解他们的需求和困惑。

②举办专题讲座和研讨会:

邀请平台研发团队的专家进行技术讲解和应用案例分享。

组织互动环节，鼓励师生提问和参与讨论。比如，讨论平台在应对空天信息领域特定挑战时的解决方案。

③发放精心制作的宣传资料：

包括手册、海报等，内容包含平台介绍、特色功能、成功案例、联系方式等。

手册中可以详细列举平台支持的空天数据类型和处理能力，如每小时能够处理 100GB 的卫星影像数据。

5.1.2.3 加强学术交流与合作

①参与和主办学术会议：

积极参与国内外空天信息领域的重要学术会议，设立 OGE 平台专题分会场。

主办以平台应用为主题的学术研讨会，邀请知名学者和专家参加。

②邀请专家发表主题演讲：

邀请在空天信息领域有深厚造诣的专家，分享利用平台进行前沿研究的成果和经验。例如，介绍如何借助平台实现对大气环流的精准模拟。

组织专家与参会者的互动交流，促进思想碰撞和合作机会的产生。

③设立互动交流环节：

安排平台使用经验分享环节，邀请已经使用平台取得成果的团队介绍心得。

组织小组讨论，针对平台在不同研究方向的应用前景进行深入探讨。

5.1.2.4 建立合作与示范项目

①与高校开展合作研究：

与其他高校的相关研究团队建立合作关系，共同开展基于 OGE 平台的科研项目。例如，联合开展对某城市空气质量的长期监测和分析项目。

明确合作方式、责任分工和成果归属，确保合作顺利进行。

②设立示范应用中心：

在部分高校建立 OGE 平台示范应用中心，提供技术支持和培训服务。

定期举办示范应用中心的开放日活动，展示平台的应用成果和创新实践。

③推广产学研合作：

促进平台与企业的合作，共同开发空天信息领域的应用产品和服务。

吸引企业投资，为平台的推广和发展提供资金支持。

5.1.2.5 提供培训与技术支持

①开展线上线下培训课程：

针对不同层次的用户，开设基础入门和高级应用的培训课程。

定期更新培训内容，以适应平台的功能升级和技术发展。

②建立技术支持服务团队：

为用户提供实时的在线技术支持，解答使用过程中的问题。

设立专门的服务热线和邮箱，确保用户能够及时获得帮助。

5.1.2.6 制定激励政策和优惠措施

①提供免费试用和优惠套餐：

为其他高校提供一定期限的免费试用，让用户充分体验平台的优势。

推出针对不同规模和需求的高校的优惠套餐，降低使用成本。

②设置奖励机制：

对在平台应用方面取得突出成果的高校和个人进行奖励和表彰。例如，设立年度最佳应用案例奖、创新研究奖等。

5.1.3 支撑"数据采集与预处理"教学实训

"数据采集与预处理"是武汉大学 17 门数智教育核心课程之一，是关于数智教育领域数据采集与预处理相关理论和技术的一门通识教育课程。主要内容包括：网络数据采集与预处理、社会感知数据采集与预处理、遥感数据采集与预处理、传感网数据采集与预处理、无人机数据采集与预处理、三维数据采集与预处理等。开放地球引擎（OGE）平台为"数据采集与预处理"课程提供了统一的数据管理服务、实习任务管理服务和遥感数据处理服务。

5.1.3.1 统一的数据管理服务

OGE 平台采用时空立方体的数据管理模式，如图 7 所示，除了支持栅

图 7 OGE 平台数据管理界面

格、场和矢量数据外，还扩展支持表格数据，用以集成带时空属性的专题信息，实现矢量、栅格和专题数据的一体化融合管理。在该课程中，开放地球引擎平台可以统一管理网络数据、社会感知数据、遥感数据、传感网数据、无人机数据、三维数据，为课程数据管理提供一体化的管理运维服务，支撑开展教学实训。

5.1.3.2　实习任务管理服务

OGE 平台为教师和学生建立了一套完整的任务管理流程。首先，教师可以通过平台为参加实习的学生发布课程实习任务；其次，学生接收实习任务、查看任务详情、完成实习任务、提交实习成果；最后，教师收到学生提交的成果、完成学生成绩评定。通过一套在线的任务管理模式，如图 8 所示，将实习实训任务与处理工具平台进行无缝衔接，方便教师、学生管理实习任务，更加专注于实习任务的训练。

图 8　OGE 平台实习任务管理界面

5.1.3.3　遥感数据处理服务

OGE 平台为学生提供了一套丰富的界面化操作工具来完成遥感数据处理的实习训练，平台提供了几何纠正、影像裁剪、影像镶嵌、辐射定标、大气校正、特征变换、特征选择、非监督分类、监督分类等二十多种工具，如图 9 所示。学生在这个模块可以完成遥感数据处理相关的实习任务。

图 9　遥感数据处理界面

5.2 产学研合作举措实例

5.2.1 背景与目标

随着数字技术在教育领域的广泛应用，实现高质量教育资源的共享与优化已成为高等教育发展的关键。因此，开发一个创新的教学平台，提供互联互通的教育资源，使得不同高校之间能够共享彼此的优势资源十分重要。

武汉大学与企业合作共建的武汉大学数智教育实践创新平台，以尖端的交互式课程技术为支撑，致力于推动数智教育的广泛普及，如图 10 所

图 10 武汉大学校企合作推广实例

示。比如，合作企业提供了 Bohrium® 社区内的课程与比赛资源链接，实现武汉大学数智教育实践创新平台与社区之间高效的课程、比赛、学习资源的互通互享。该平台已链接了 Bohrium® 社区的一系列优质课程和比赛资源，涵盖了数据科学、人工智能、机器学习等多个热门领域，为师生提供了丰富的学习和实践机会。

5.2.1.1　课程与比赛资源

平台目前提供了多门来自 Bohrium® 社区的课程，这些课程由行业内顶尖的教授和专家设计，内容涵盖最新的技术发展和应用案例。学生不仅可以在平台上获取丰富的理论知识，还可以通过参与实践项目和比赛，将理论与实际应用相结合。比赛项目如"超导体临界温度预测"和"中枢神经系统药物研发：药物筛选与优化"等，为学生提供了展示自身能力的舞台。

5.2.1.2　服务数智实践课程

平台不仅仅是资源的集合，更是武汉大学内部数智实践课程的重要支持工具。通过该平台，学校可以有效地组织和开展数智实践课程，使学生在课程学习中能够接触到最前沿的科学研究成果和行业应用案例。同时，平台还为教师提供了便利的教学管理工具，帮助教师更好地规划和实施教学活动。

5.2.1.3　创新成果共享机制

创新是教育的核心动力之一，平台设立了创新成果共享机制，使得师生在学习和研究过程中产生的优秀创新成果可以及时发布到社区，与其他师生进行交流和学习。这种共享机制不仅促进了知识的传播和交流，也激励了更多的师生参与到创新活动中，推动教育质量的提升和创新文化的形成。

5.2.1.4 无缝连接与便捷访问

学校师生可以通过平台实现一键跳转，轻松访问社区资源和参与社区比赛。平台的用户界面友好，支持高并发访问，确保师生在使用过程中能够获得流畅的体验。通过这种无缝连接，学生可以跨越学校边界，与更广泛的学习社区进行互动，获取多样化的学习资源，拓宽知识视野。

5.2.2 开发与实施

5.2.2.1 平台开发

武汉大学同企业共同开发了武汉大学数智教育实践创新平台。该平台设计了用户友好的界面，支持高并发访问，确保稳定性和数据安全。此外，平台还提供个性化的学习体验，学生和教师可以根据自己的需求定制学习内容和进度。同时，平台内提供的课程和比赛链接，让武汉大学的师生可以一键跳转，轻松访问和调用 Bohrium®社区内的各种资源。

5.2.2.2 课程标准化

为了实现课程的互联互通，武汉大学制定了一套课程标准。这些标准涵盖课程内容、教学方法、评估标准等，确保不同学校的教学资源能够无缝对接。标准化课程不仅提高了教学资源的利用效率，还增强了课程在不同机构间的可扩展性。

5.2.2.3 资源整合

武汉大学数智教育实践创新平台通过整合多种教学资源，如视频讲座、实验指导和案例研究，提供了全面的学习材料。学生可以通过平台访问不同学校和机构的教授与专家的课程，并参与平台中的比赛来完成大作业。此外，学生还可以在涵盖多学科领域的案例学习社区中自由探索。

5.2.2.4　案例学习社区

AI Note 案例广场允许学生通过实践和社区讨论加深对所学知识的理解，并且平台支持上传和分享个人的学习笔记和项目成果，鼓励协作与知识共享。

5.2.2.5　试点实施

平台推广前，首先在武汉大学和某企业进行试点实施。通过对试点结果的评估，收集学生和教师的反馈，根据反馈调整平台的功能和课程内容，以确保平台的功能和内容能够更好地满足用户的需求。试点的成功为后续大规模推广提供了宝贵的经验和指导。

5.2.3　推广与实效

5.2.3.1　跨校合作

与其他高校建立合作关系，通过研讨会介绍平台的优势和操作方式，鼓励其他学校加入这一平台。通过跨校合作，扩大教学资源的覆盖范围，加强教育资源的共享。这样的合作模式不仅促进了教育资源的流动，也为各校师生带来了更多的学习和发展机会。

5.2.3.2　开放访问

平台对所有合作高校开放，学生和教师可以根据自己的需要自由选择课程。通过这种方式，学生能够接触到更广泛的知识和不同学校的教学方法，提高学习的多样性和灵活性。此外，平台内的创新成果可以基于创新共享机制发布到社区进行共享，促进知识和成果的传播。

5.2.3.3 持续评估与优化

定期收集使用平台的教师和学生的反馈，对平台进行技术升级和课程内容更新，以满足用户的需求和教学的发展。通过数据分析和反馈，持续改进平台的功能和用户体验，确保平台始终处于教育技术的前沿。

5.2.3.4 成功案例分享

定期发布使用平台的成功案例和学习成果，通过社交媒体、学术会议等渠道进行分享，提高平台的知名度和吸引力。分享成功案例能够激励更多的教育机构和学生参与，提升平台的整体教学质量。通过分享平台在武汉大学的成功应用实例，展示了其在提升教育质量和创新能力方面的优势。

5.2.4 课程案例

"数据科学导论"为武汉大学本科通识课程，课程内容深入浅出，简单易懂，适合各院系本科生学习。课程以学生为中心，力求及时将学生感兴趣的新技术引进课堂(名师、院士进课堂)，通过课堂讨论环节或者线上讨论专题启发学生思考，采用上机实践、翻转课堂、分组演示等多种教学形式，不仅提高了学生的课堂参与度和兴趣，也锻炼了学生的动手能力、演讲与口才等表达能力，培养了学生的团队合作能力、沟通能力及思辨能力。学生可以在数智教育实践创新平台中查看该课程的学习资源。

5.2.5 合作课程上线流程

5.2.5.1 课程内容准备

武汉大学的相关课程负责人(如教师、课程组成员等)确认课程内容的完整性与适应性,包括视频、讲义、案例、作业和参考资料等教学资源。

5.2.5.2 课程迁移与格式调整

根据平台的技术要求,将武汉大学提供的课程内容迁移到平台上。如果有必要,可以对内容进行格式调整以适应平台的展示标准,比如 PPT 到 PDF 的转换、视频的格式调整、代码示例的优化等。

5.2.5.3 课程页面创建

在平台上为武汉大学的课程创建专属页面,包括输入课程标题、简介、教学目标、课程大纲等基本信息。参考"数据结构与算法"课程的示例页面链接,以确保页面设计和内容的呈现符合武汉大学的需求。

5.2.5.4 课程资源上传

将课程的所有相关资源(如视频、讲义、作业等)上传到平台的指定位置,并确保所有资源均可访问且部分资源可下载。同时,设置课程的访问权限(如公开课程或仅限武汉大学学生访问)。

5.2.5.5 课程测试与优化

上线前进行课程的整体测试,确保所有链接、视频、代码运行正常。

如果发现问题，及时调整与优化。

5.2.5.6 课程发布与宣传

课程上线后，与武汉大学合作进行宣传推广，包括在武汉大学校内以及在社交媒体平台进行课程推广，吸引更多的学生和社会公众参与学习。

5.2.5.7 反馈与改进

课程上线后，收集用户的反馈，及时根据反馈进行课程内容或平台功能的优化，确保课程的教学效果最大化。

结　　语

"纸上得来终觉浅，绝知此事要躬行。"教育教学，最终还是要获得真知，躬身实践，推动发展，学校建设数智教育实践创新平台的目的就在于此。为了推动数智教育实践创新平台的建设，制定标准、学习标准、掌握标准、实践标准，这些环节缺一不可。从这个层面上讲，制定《武汉大学数智教育实践创新平台建设标准与共享指南》，也是具体的躬行实践。在这个过程中，武汉大学将进一步加深对数智教育实践创新平台的认识，优化数智教育实践创新平台的建设。

武汉大学精心打造了一套清晰明确的标准体系，辅以详尽的实施细则，为教育工作者、技术开发者和政策制定者提供了一份实用的行动蓝图。这些标准涵盖了技术架构、系统功能、用户体验等方面，并对平台的安全性、稳定性和可扩展性提出了具体要求。制定和遵循完善的信息化技术标准是确保平台高效、顺畅、安全运行的基石，它们不仅保障了数据的安全流通，还为平台的稳健运行提供了坚实的支撑。此外，武汉大学还制定了科学的实践教学质量管理标准，为提升教育质量提供了有力保障，使教学活动能够在持续地监控和反馈中实现不断的优化和进步。而创新成果的评价与共享标准则激发了教育领域的创新活力，为教师和学生提供了展示才华和交流思想的舞台，鼓励了更广泛的探索与实践。这些标准确保了教育平台在当前能够稳定高效地服务于教学和学习，而且能够灵活适应教育需求的演变和技术的发展。

武汉大学深入探索了如何在数智教育平台中建立有效的资源共享体系，具体内容涵盖了资源的整合、信息的流通、知识的传播等。通过建立合理的共享机制，希望能够突破地域和资源的限制，实现教育资源的最大化利用。武汉大学提出的共享机制不仅注重资源的公平分配，还重视激发用户的参与热情和归属感。这种以人为本的设计理念，旨在推动教育资源的优化配置，使更多的教育者和学习者能够平等地享受优质教育资源。

　　武汉大学通过产学研合作，立足于自身的数智教育实践创新平台，开发了数智教育资源共享社区，这一举措极大促进了教学资源的互联互通，优化了高等教育资源的配置，实现了资源的高效利用。平台的成功推广和应用不仅提升了学生的学习体验，还为高等教育的未来发展开辟了新思路。这种合作模式不仅为武汉大学的师生提供了丰富的学习资源，还为其他高校的教学改革提供了有益的参考。这将有助于提升教育质量，推动教育公平，让更多的求知者享受到优质的教育资源。教育的本质在于知识的传授，也是智慧的启迪和心灵的沟通。通过产学深度合作，我们正朝着教育创新和发展的目标稳步前进。

　　展望未来，数字智能教育领域正站在变革的风口浪尖，既充满挑战也蕴藏无限机遇。技术的不断进步和教育需求的日益变化，将推动教育平台建设和共享机制的不断优化。我们相信，《武汉大学数智教育实践创新平台建设标准与共享指南》的发布，将为教育领域的相关研究提供全新的视角和方向，也将为教育实践者提供有力的参考。